符定一全集

（一）

高雨　袁行霈◎主編

岳麓書社·長沙

符定一先生

毛澤東主席與符定一先生親切交談（1950 年）

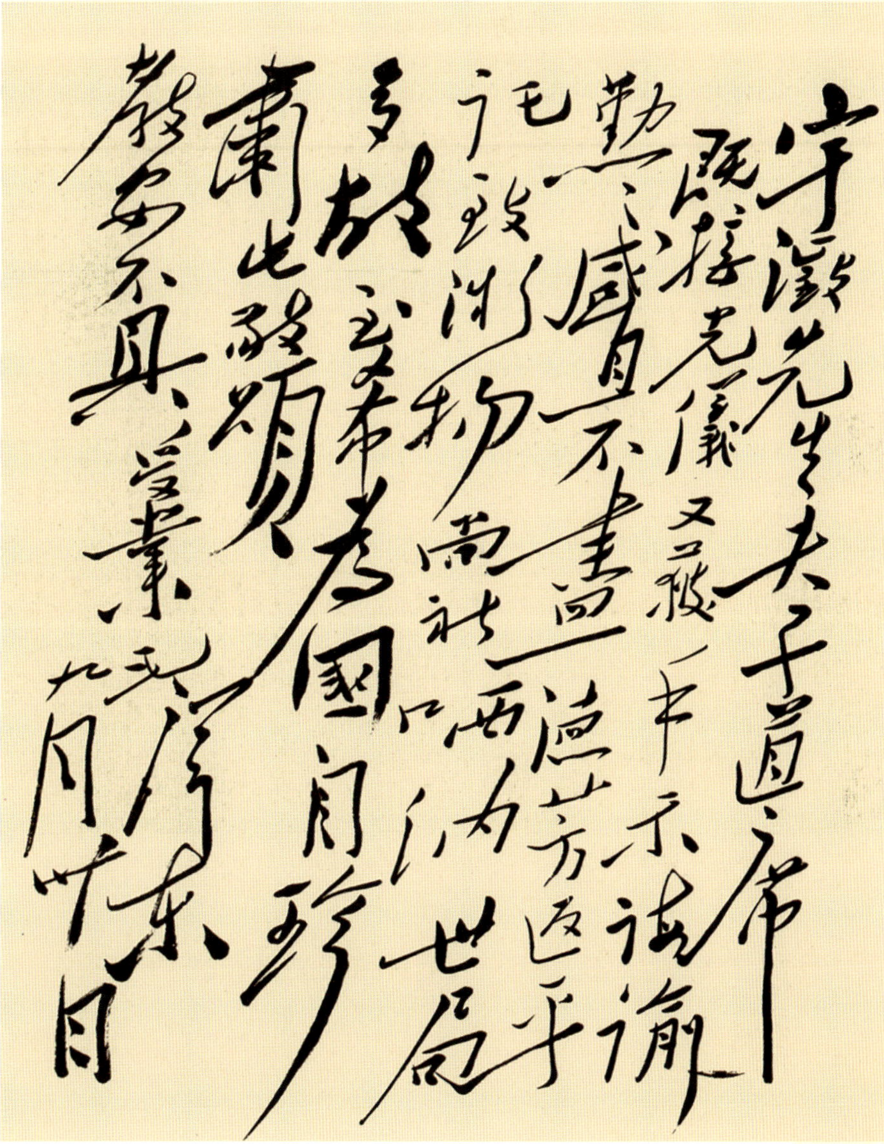

宇澂先生夫子道席：既接光仪，又获手示，诲谕勤勤，感且不尽。德芳返平，托致微物，尚祈哂纳。世局多故，至希为国自珍。肃此，敬颂教安。不具。学生毛泽东 九月廿日

毛澤東主席致符定一先生書信（1946 年）

先生著作《新學僞經考駁誼》

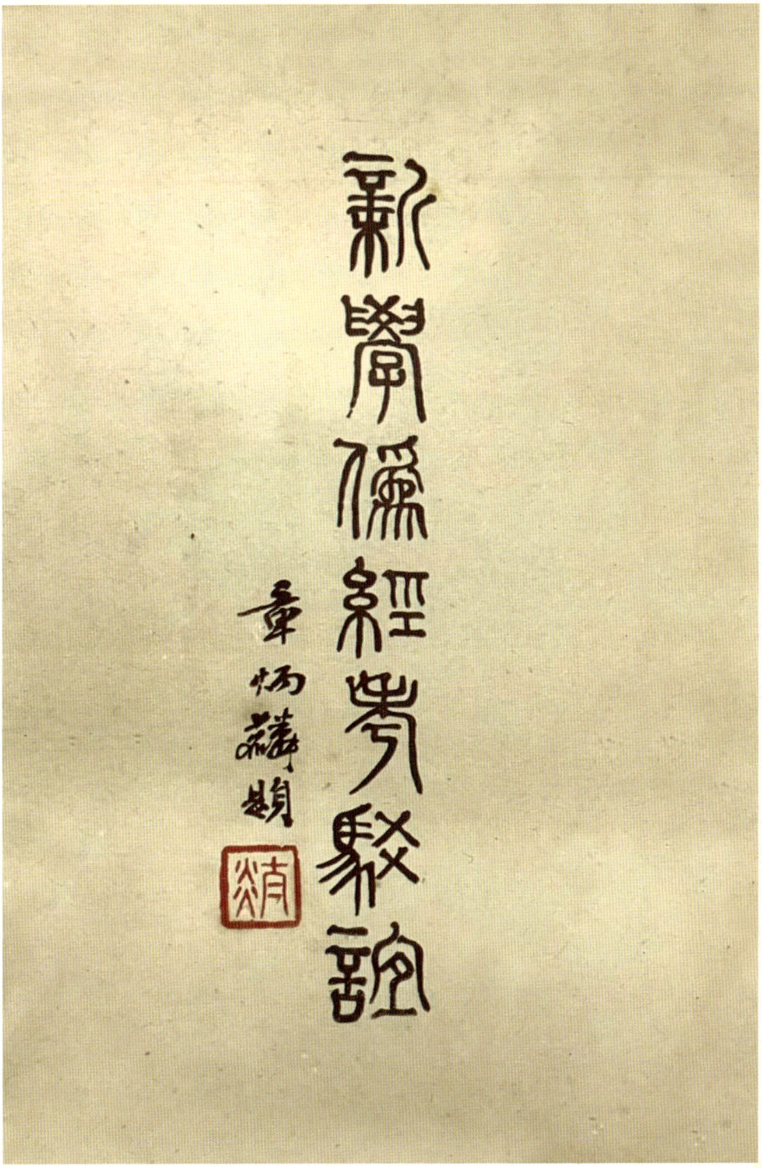

《新學僞經考駁誼》章太炎題簽

著作等身，與《聯緜字典》稿本合影（1940 年）

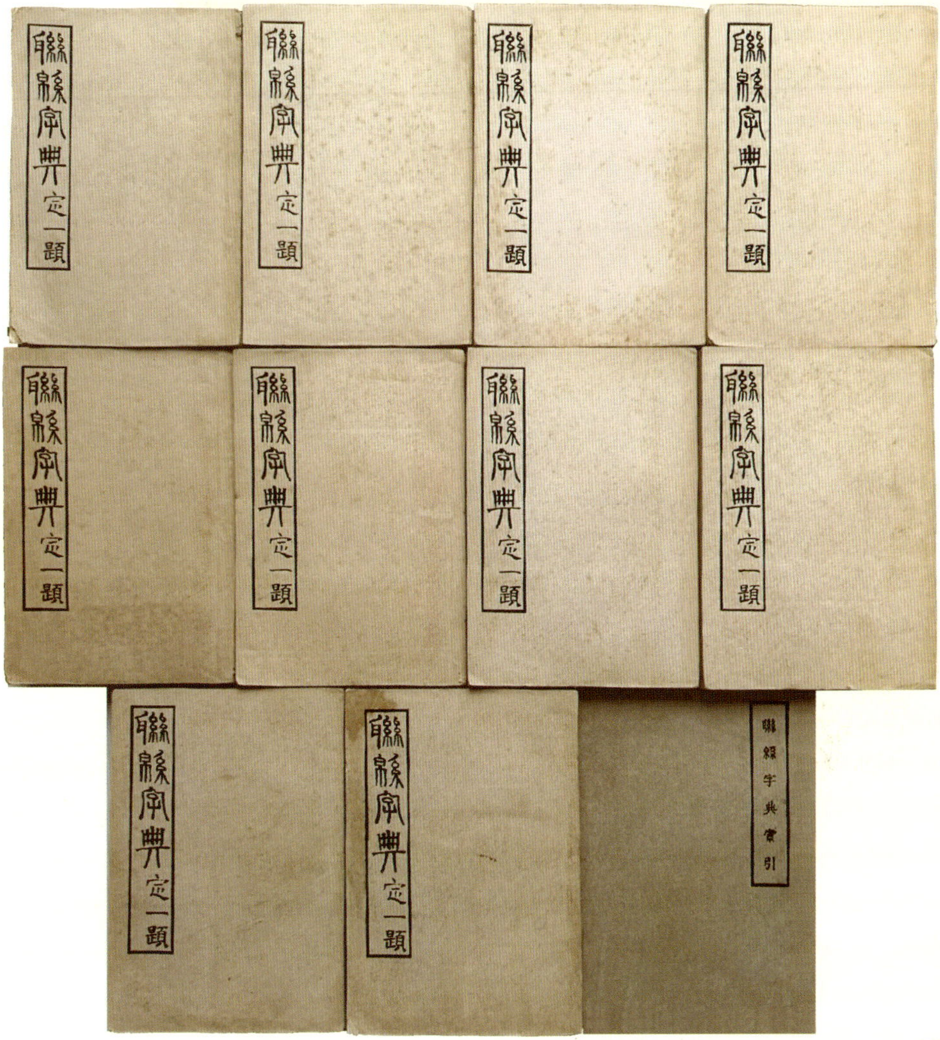

京華印書局 1943 年版《聯緜字典》

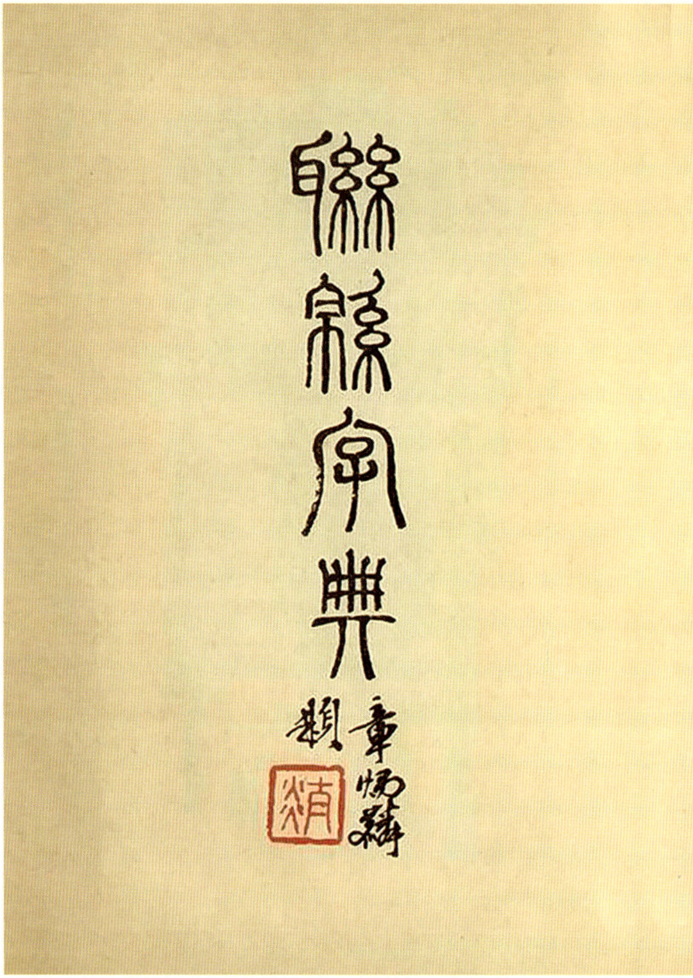

《聯緜字典》章太炎題簽

先生自题《聯緜字典》

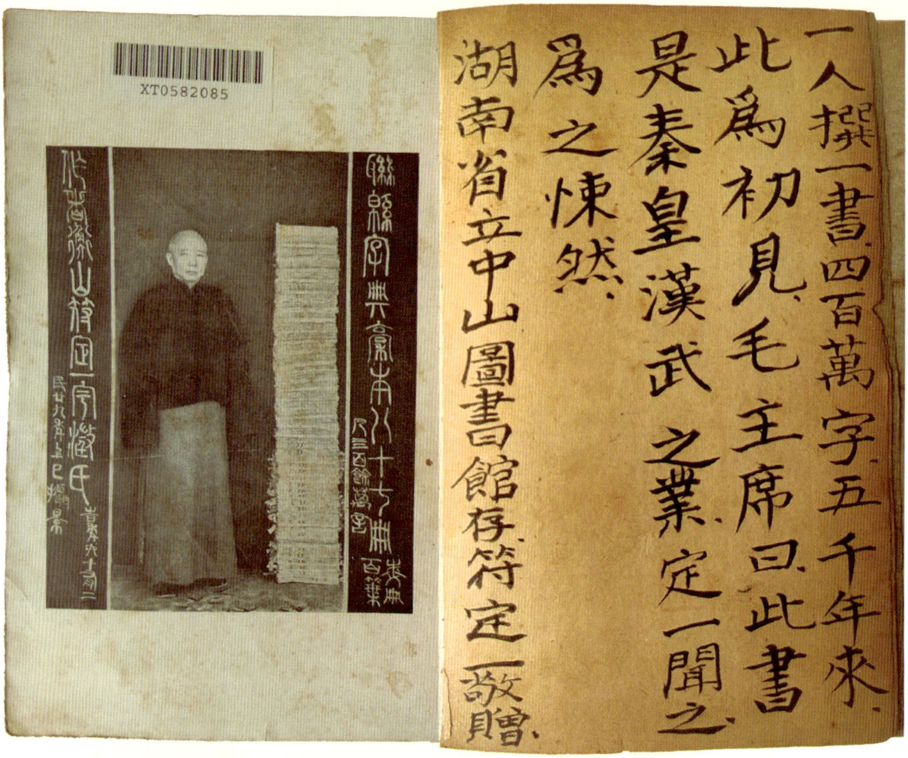

湖南省圖書館藏《聯緜字典》，卷首有先生題贈

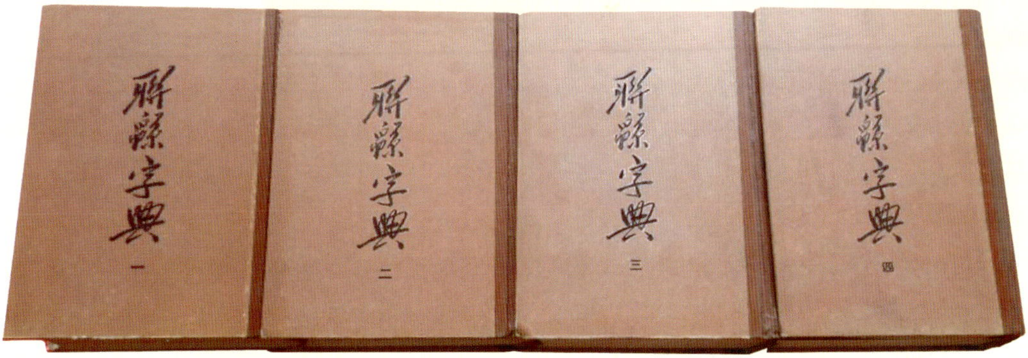

毛澤東題簽、中華書局 1954 年版《聯緜字典》

聯緜字典 著作人 符定一 啟事

定一譔此字典歷三十年其書義證條舉音韻彙該異文備陳轉語羅列
朋儕見者鰓鰓然慮其難成迺本年四月全部脫稿凡四百五
十萬言計八十五冊（每冊百業）自有生民以來一人著一專書文
字多夥此爲初見（類書如玉海合集若西河不在此列）六十之年得蕆斯業亦云幸矣
亡友黃君侃曰從此下江學術溯江而上往兩湖去矣定一自顧紕繆媿
不足當書已定約由商務書館出版現正付梓（放辭源丁種版式西裝兩巨冊）終日校讎
治亂不聞董茲方策秋期宣布就正邦人先楬櫫焉告吾友好再者拙箸
新學僞經考駁誼初版鬻罄後出勘誤增補表讀者可向商務館索取并
以奉聞衡山符定一謹啓二十七年五月二十四日

《聯緜字典》作者啟事（1938 年）

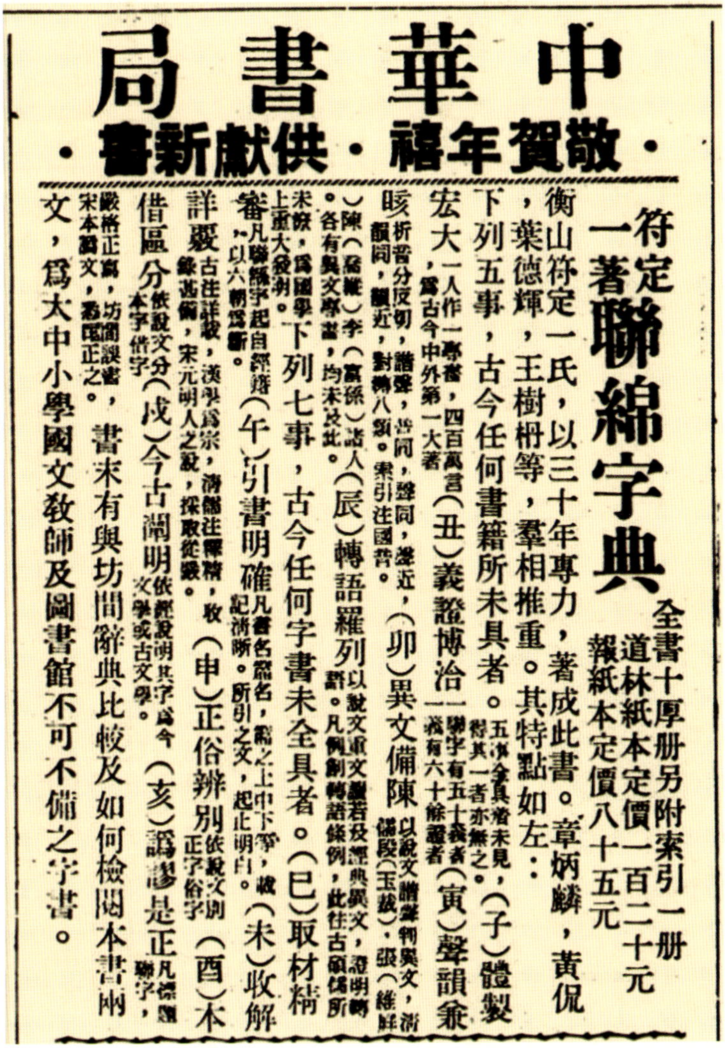
中華書局
·敬賀年禧·供獻新書·
符定一著聯緜字典
全書十厚册另附索引一册
道林紙本定價一百二十元
報紙本定價八十五元
衡山符定一氏，以三十年專力，著成此書。章炳麟，黃侃，葉德輝，王樹枏等，羣相推重。其特點如左：
下列五事，古今任何書籍所未具者。（子）體製宏大一人作一專書，四百萬言，爲古今中外第一大著（丑）義證博洽一聯字有五十義者一義有六十餘證者（寅）聲韻兼晐析音分反切，諧聲，音同，聲同，聲近，韻同，韻近，對轉八類。索引注國音。（卯）異文備陳以說文諧聲判異文，清儒段（玉裁），張（維屏）陳（瑑）李（富孫）諸人各有異文專書，均未及此。（辰）轉語羅列以說文重文暨若及經典異文，證明轉語。凡例創轉語條例，此往古碩儒所未瞭，爲國學上重大發明。
下列七事，古今任何字書未全具者。（巳）取材精審凡聯緜字起自經籍，以六朝爲斷。（午）引書明確凡書名篇名，篇之上中下等，記淸晰。所引之文，起止明白。（未）收解詳覈古注詳載，漢學爲宗，淸儒注釋精，收錄甚備，宋元明人之說，採取從嚴。（申）正俗辨別依說文劃正字俗字（酉）本借區分依說文分本字借字（戌）今古闡明依經說明其字爲今文學或古文學。（亥）譌謬是正凡標題聯字，嚴格正寫，坊間誤書宋本譌文，悉匡正之。
書末有與坊間辭典比較及如何檢閱本書兩文，爲大中小學國文教師及圖書館不可不備之字書。

《聯緜字典》新書廣告

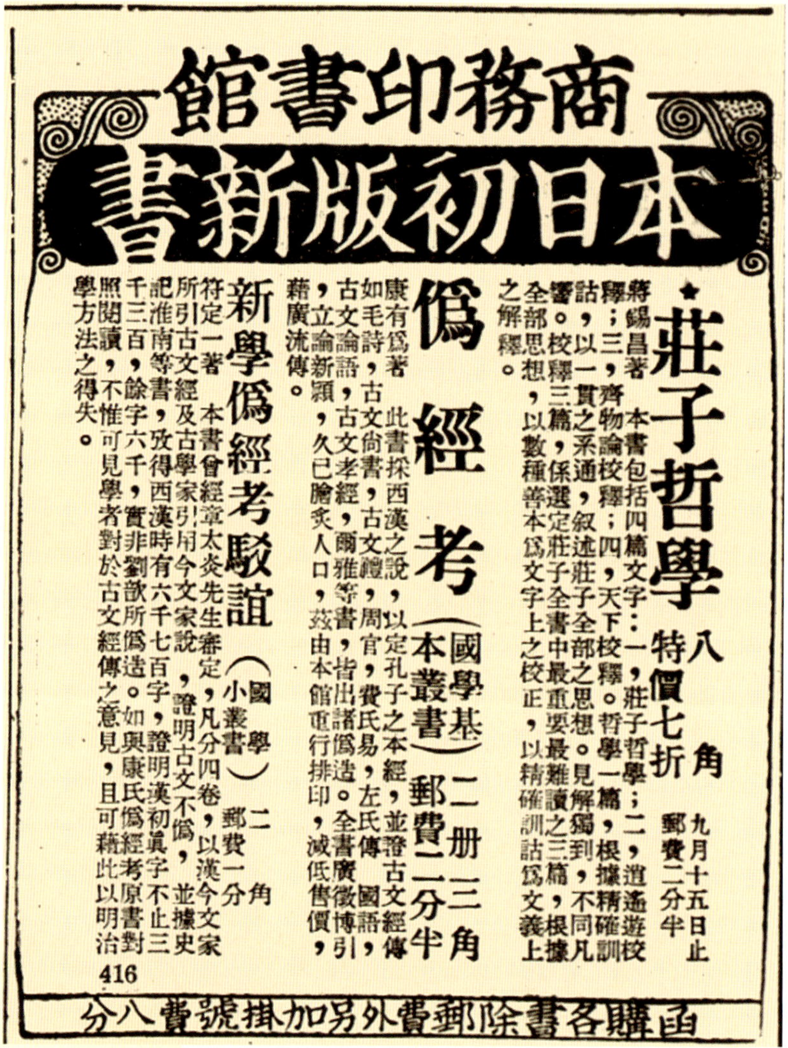

《新學偽經考駁誼》新書廣告

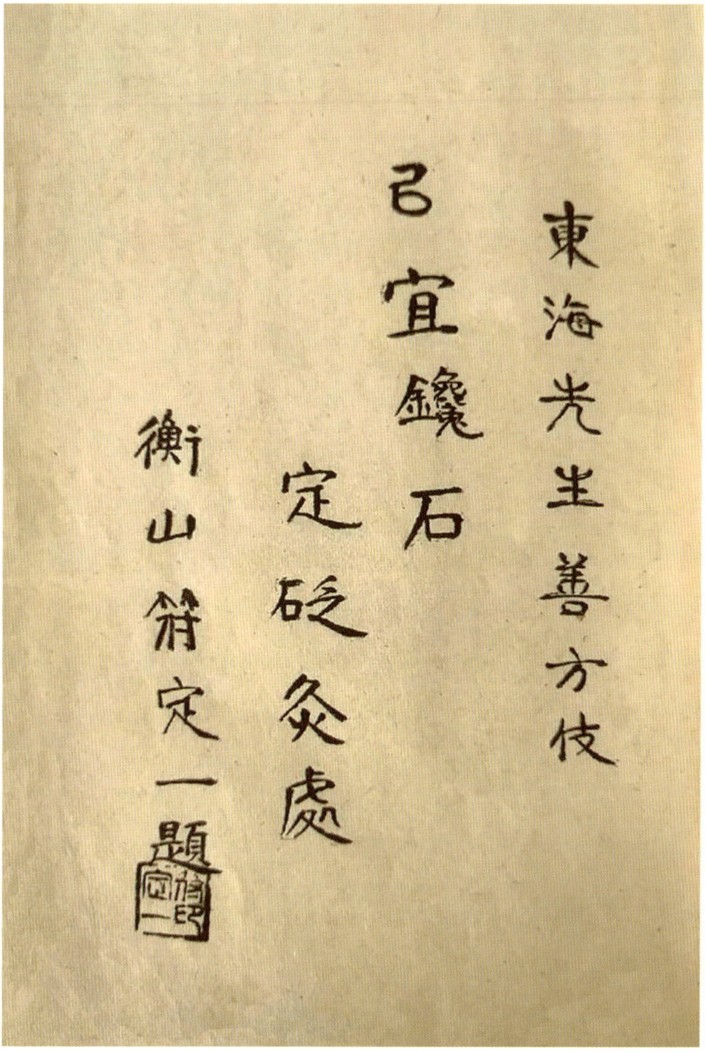

爲中醫學家曲月川《針灸講習録》題詞（1952 年）

京師大學堂舊址（今北京大學）

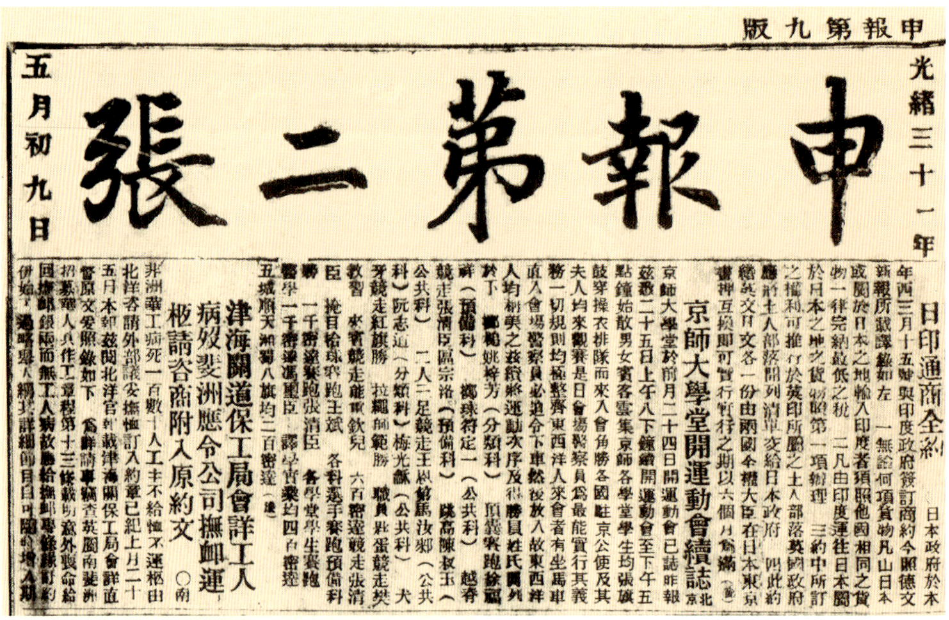

申報第九版

光緒三十一年　申報第二張　五月初九日

日印通商全約

日本政府於本年西三月十五號與印度政府簽訂商約今照德文新報所載譯錄如左　一無論何項貨物凡由日本國運入印度者須照他國相同之貨物一律完納最低之稅　二凡由印度運往日本國之貨物照第一項辦理　三約中所訂之權利可推行於英印所屬之土人部落　英國政府將土人部落開列清單交給日本政府　四此約繕具英文日文各一份由兩國全權大臣在日本東京畫押互換即可實行暫行之期以六個月爲滿（完）

京師大學堂開運動會續誌　北京

京師大學堂於前月二十四日開運動會已誌昨報茲錄二十五日上午八下鐘續開運動會至下午五點鐘始散男女賓客雲集京師各學堂學生均張旗鼓穿操衣排隊而來入會角勝各國駐京公使及其夫人均來觀賽是日會場聘察員爲最能實行其義務一切規則均極整齊東西洋人來會者有坐馬車直入會場警察員必迫令下車然後放入故東西洋人均稱美之茲將運動次序及得勝員姓氏開列於下　[illegible]姚梓芳（分類科）　頂囊賽跑徐冠群（預備科）　擲球符定一（公共科）　越脊競走張潤臣區宗洛（預備科）　跳高陳叔玉（公共科）　二人三足競走王樹銘馬汝鄰（公共科）阮志道（分類科）梅光藻（公共科）　犬牙競走紅旗勝　拉繩師範勝　職員拾蛋競走樊教習　來賓競走熊欽兒　六百密達競走張清臣　掩目拾球賽跑王斌　各科選手賽跑預備科勝　一千密達賽跑張清臣　各學堂學生賽跑譯學　一千密達[illegible]馮選臣　譯學實業均四百密達　五城順天湘鄂八旗均二百密達（未完）

津海關道保工局會詳工人病歿斐洲應令公司撫卹運柩請咨商附入原約文　〇南

非洲華工病死一百數十人工主不給恤不運柩由北洋咨請外部議妥撫恤訂入約章已紀上月二十五日本報茲閱北洋官報載津海關保工局會詳直督原文爰照錄如下　爲詳請事竊查英國南斐洲招募華人前往作工章程第十三條載明意外喪命給[illegible]

京師大學堂運動會報道，符定一參與擲球項目（1905 年）

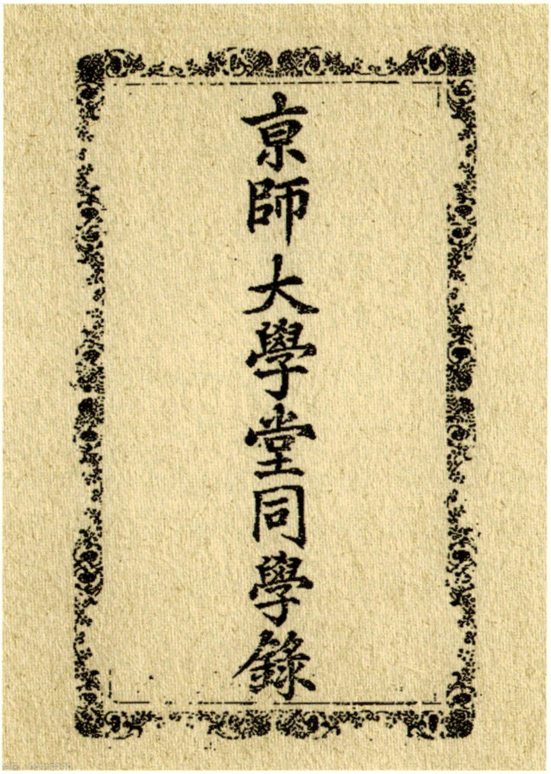

京師大學堂同學録

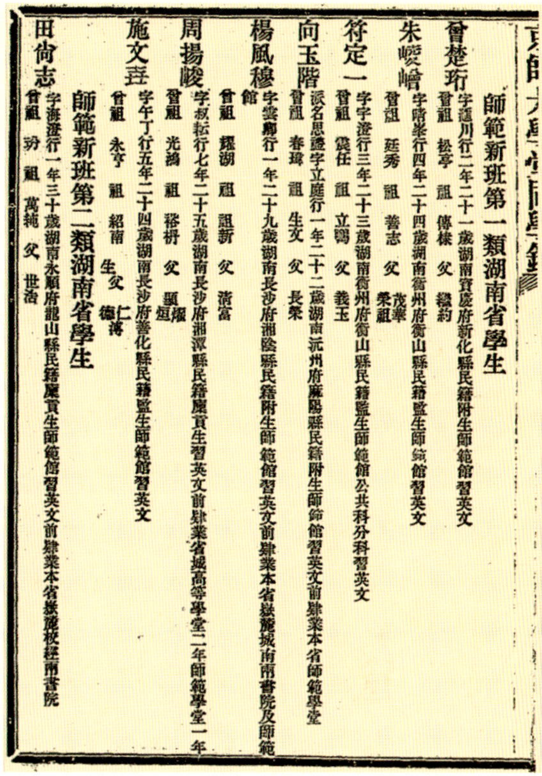

師範新班第一類湖南省學生

曾楚珩 字蓮川行二年二十一歲湖南寶慶府新化縣民籍附生師範館習英文 曾祖 松亭 祖 傳榛 父 繼約

朱崚嶒 字晴峯行四年二十四歲湖南衡州府衡山縣民籍監生師範館習英文 曾祖 廷秀 祖 善志 父 茂華榮祖

符定一 字宇澄行三年二十三歲湖南衡州府衡山縣民籍監生師範館公共科分科習英文 曾祖 袋任 祖 立鶚 父 義玉

向玉階 派名思謐字立庭行一年二十二歲湖南沅州府麻陽縣民籍附生師範館習英文前肄業本省師範學堂 曾祖 春瑋 祖 生文 父 長榮

楊風穆 字雲卿行一年二十九歲湖南長沙府湘陰縣民籍附生師範館習英文前肄業本省嶽麓城南兩書院及師範館 曾祖 耀湖 祖 謳新 父 清富

周揚陵 字叔耘行七年二十五歲湖南長沙府湘潭縣民籍廩貢生習英文前肄業省城高等學堂二年師範學堂一年 曾祖 光鴻 祖 啓枬 父 顯煥

施文垚 字午丁行五年二十四歲湖南長沙府善化縣民籍監生師範館習英文 曾祖 永亨 祖 紹南 生父 德 父 仁溥

師範新班第二類湖南省學生

田尚志 字海澄行一年三十歲湖南永順府龍山縣民籍廩貢生師範館習英文前肄業本省嶽麓校經兩書院 曾祖 玢 祖 萬純 父 世浩

京師大學堂同學録

先生創辦的湖南省立第一中學（初名湖南全省公立高等中學校）

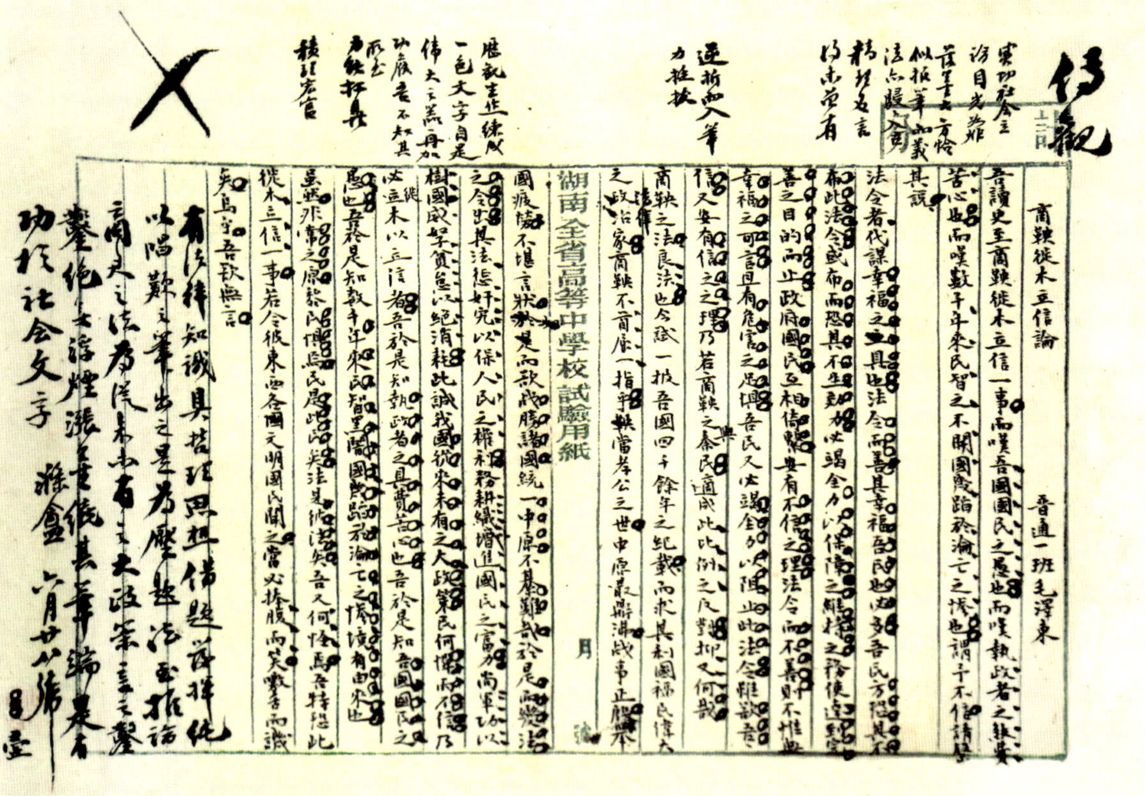

毛澤東在省立一中的作文《商鞅徙木立信論》，獲校長符定一青睞（1912 年）

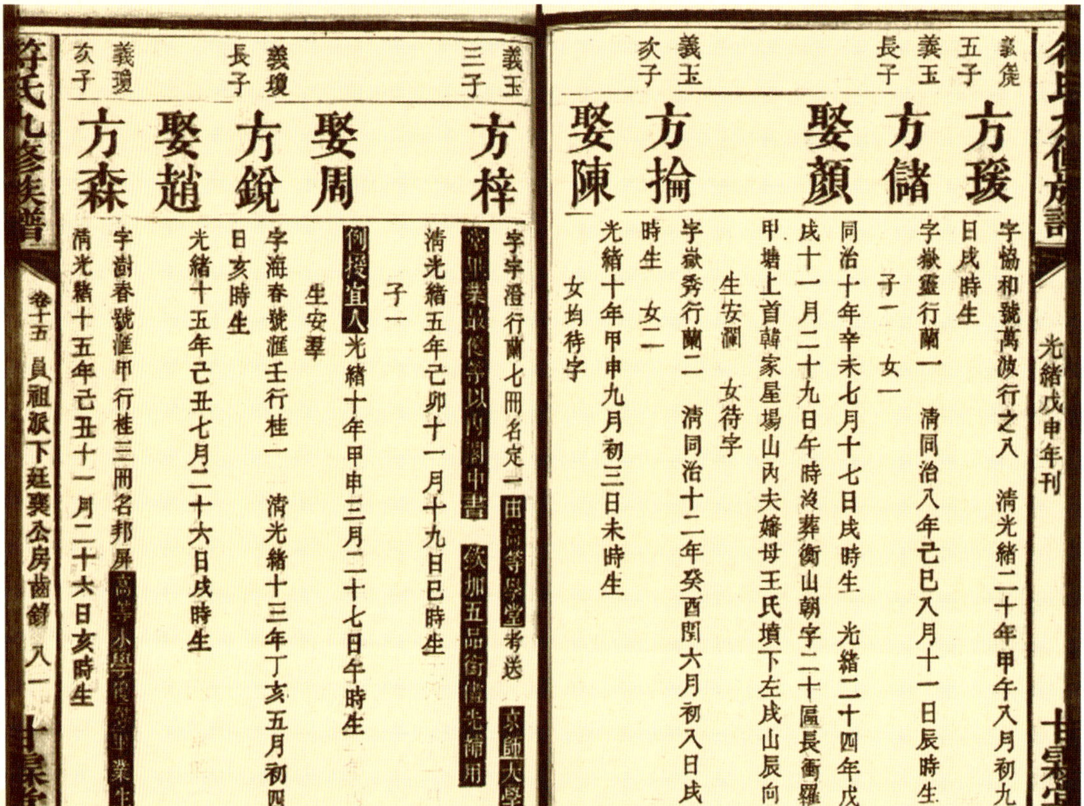

《符氏九修族譜》中有關先生的記載

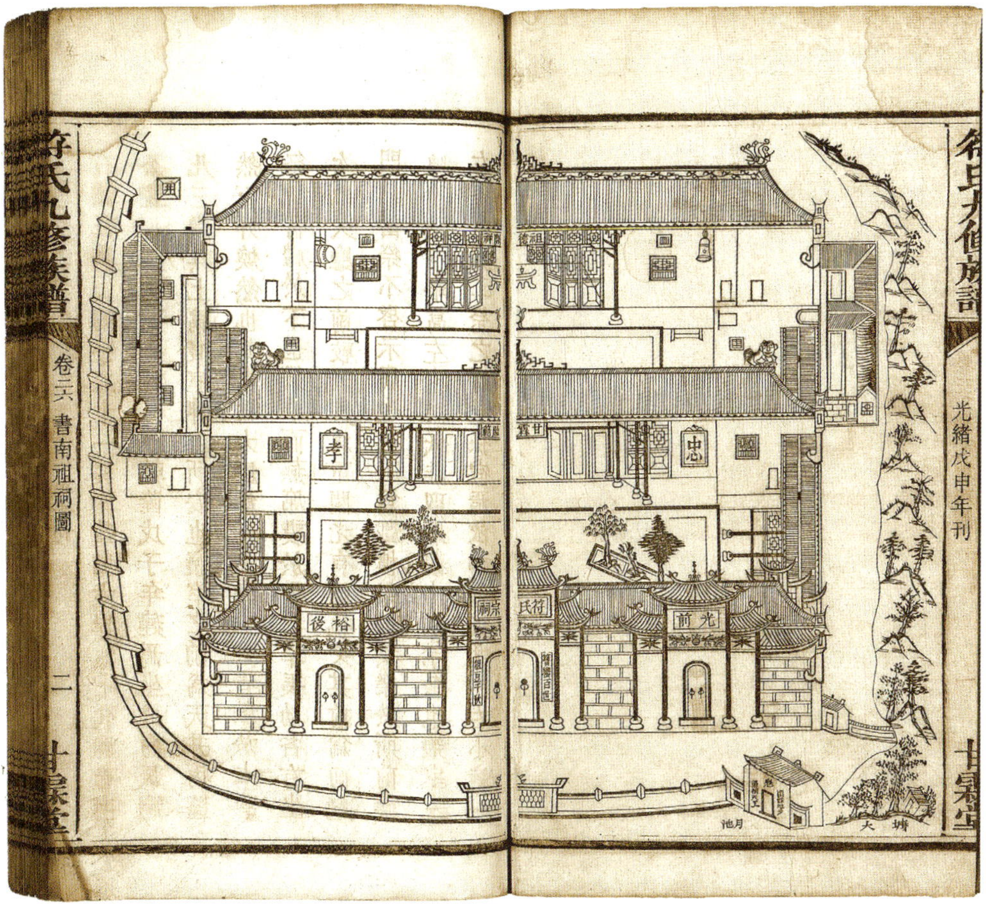

符氏宗祠甘霖堂

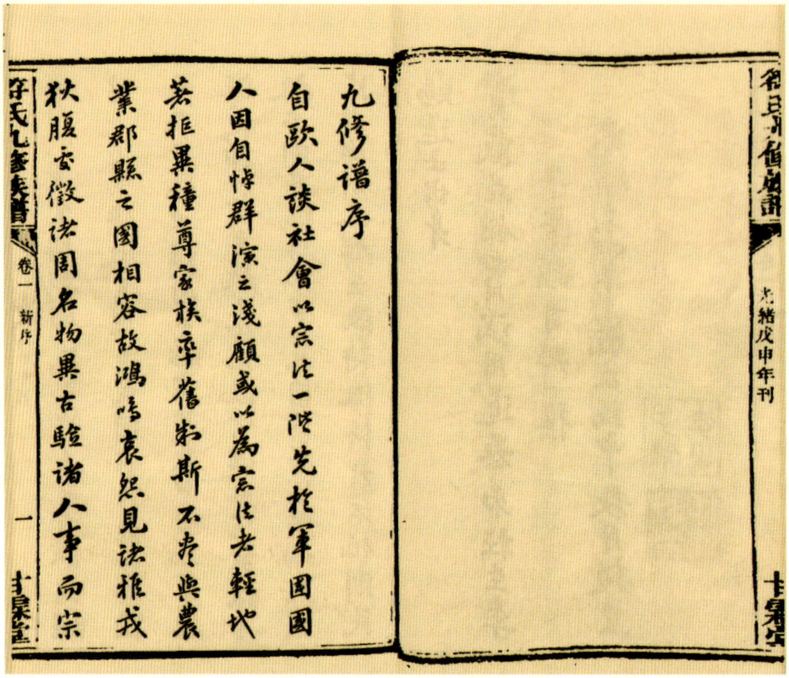

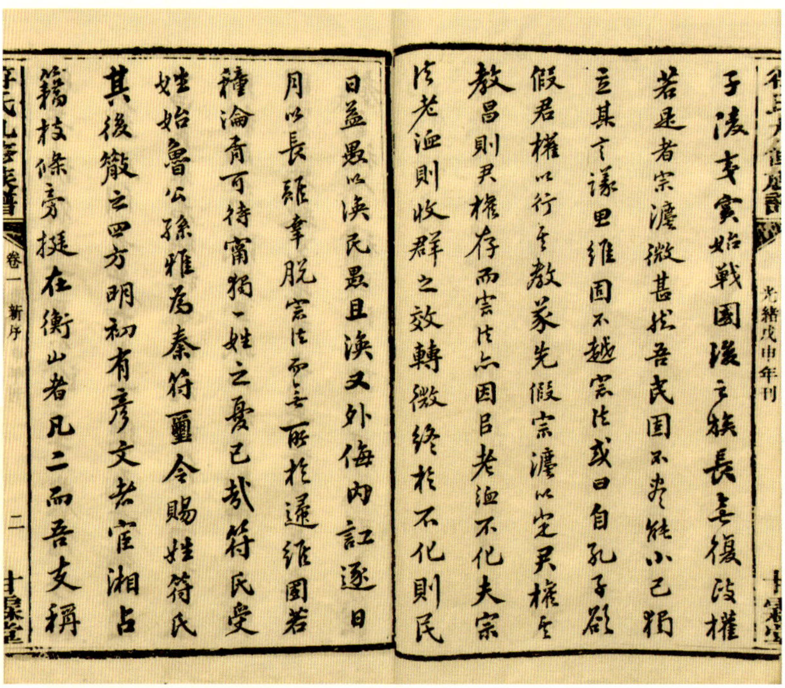

先生爲其倡修的《符氏九修族譜》撰序

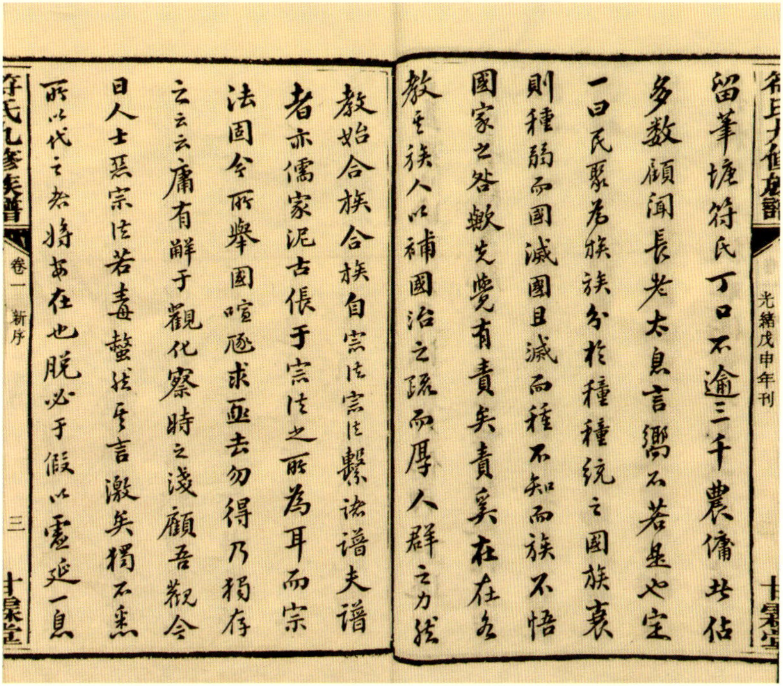
留筆墟符氏丁口不逾三千農傭步佔
多数顧閭長老太息言嚮不若是也宝
一曰民聚為族族分於種種统之國族衰
則種弱而國滅國且滅而種不知而族不悟
國家之咎歟先覺有責矣責奚在在為
教至族人以補國治之疏而厚人群之力哉

教始合族合族自宗法宗法繫諸譜夫譜
者亦儒家泥古倀于宗法之所為耳而宗
法國今所舉國喧颺求亟去勿得乃獨存
之云云庸有辭于觀化察時之淺顧吾觀今
日人士惡宗法若毒螫哉至言激矣獨不思
所以代之者將安在也脱必于假以靈延一息

符氏九修族譜 卷一 新序 三 光緒戊申年刊

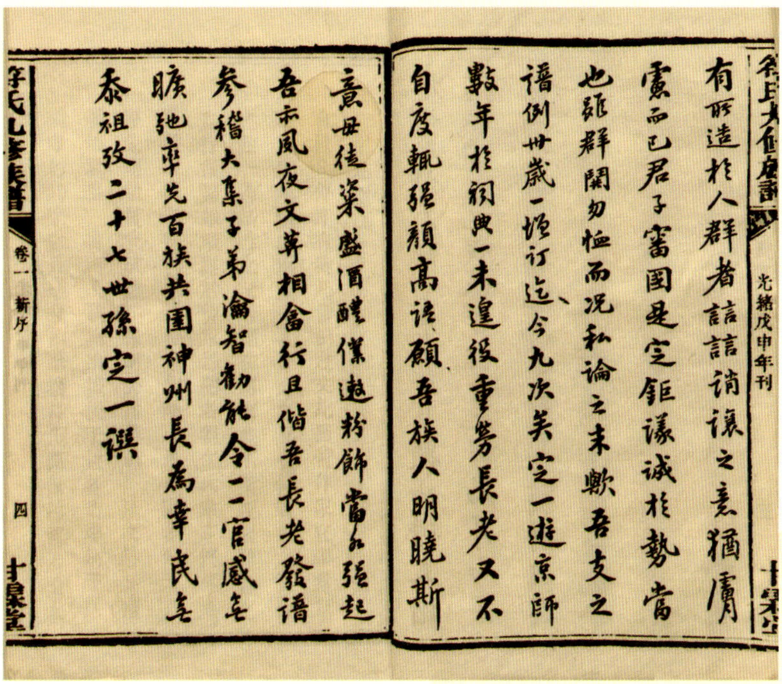
有所造於人群者詰詰譊譊之意猶屢
震而已君子當國是定鉅議誠於勢當
也雖群閑勿恤而况私論之未歟吾支之
譜例卅歲一修订迄今九次矣定一游京師
數年於祠典一未遑役事旁長老又不
自度輒强顏高語顧吾族人明曉斯

意毋徒粢盛酒醴儀遨矜飾當為强起
吾亦夙夜文葬相會行且偕吾長老發譜
參稽大集子弟淪智勸能令一一官感為
朕弛率先百族共固神州長為幸民為
泰祖孜二十七世孫定一撰

符氏九修族譜 卷一 新序 四 光緒戊申年刊

先生所撰《九修譜序》

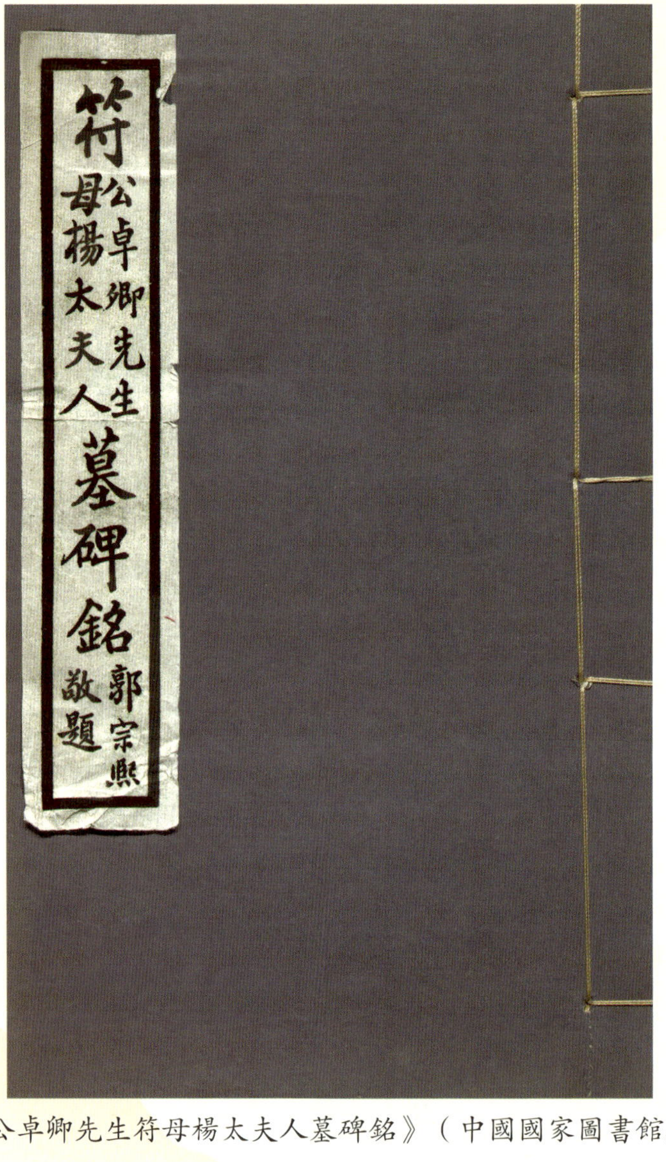

《符公卓卿先生符母楊太夫人墓碑銘》（中國國家圖書館藏）

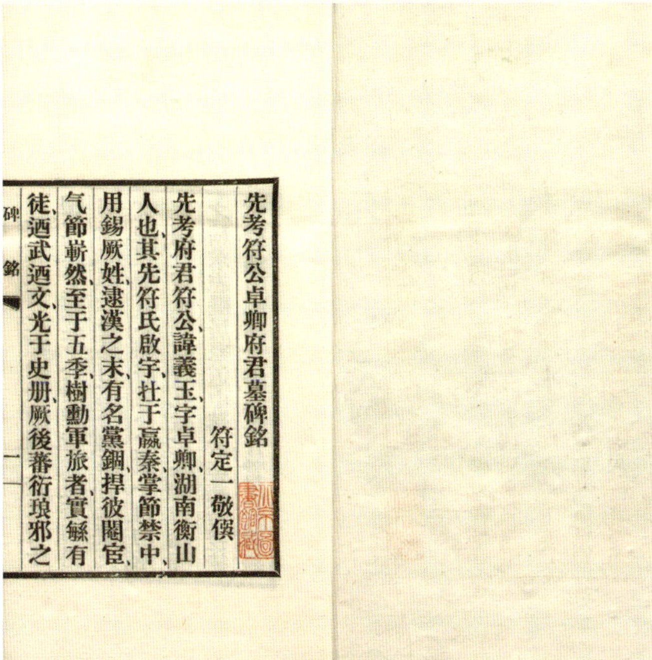

先考符公卓卿府君墓碑銘

符定一敬僎

先考府君符公、諱義玉、字卓卿、湖南衡山人也、其先符氏啟宇、壮于嬴秦、掌節禁中、用錫厥姓、逮漢之末、有名黨錮、捍彼閹宦、气節嶄然、至于五季、樹勳軍旅者、實繇有徒、迺武迺文、光于史册、厥後蕃衍琅邪之

碑銘 一

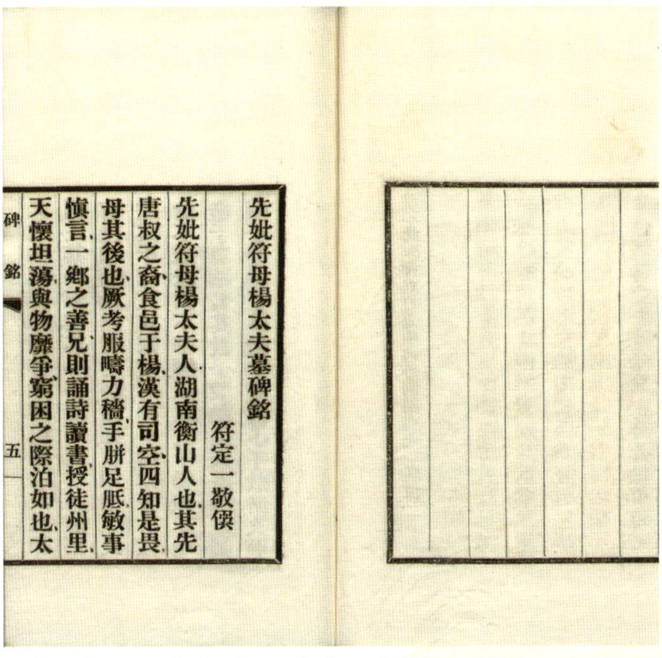

先妣符母楊太夫人墓碑銘

符定一敬僎

先妣符母楊太夫人、湖南衡山人也、其先唐叔之裔、食邑于楊、漢有司空四知是畏、母其後也、厥考服疇力穡、手胼足胝、敏事慎言、一鄉之善兄則誦詩讀書、授徒州里、天懷坦蕩、與物靡爭、窮困之際、泊如也、太

碑銘 五

先生所撰《先考符公卓卿府君墓碑銘》《先妣符母楊太夫人墓碑銘》

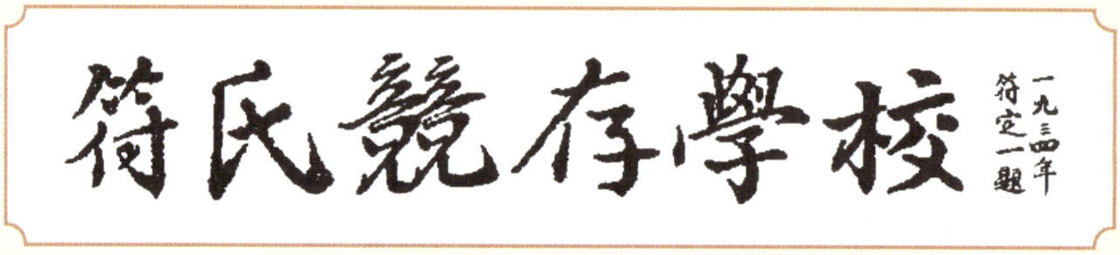

先生爲符氏競存學校題詞（1934 年）

先生創辦的符氏競存學校舊址（今衡山縣白果鎮五一村留筆學校）

湖南省學校第三次聯合運動會合影，右一爲籌備長符定一（1914 年）

湖南省憲法會議議員合影，四排右二爲議員符定一（1924年）

中國人民政治協商會議第一屆全體會議無黨派民主人士合影，前排右三爲符定一（1949 年）

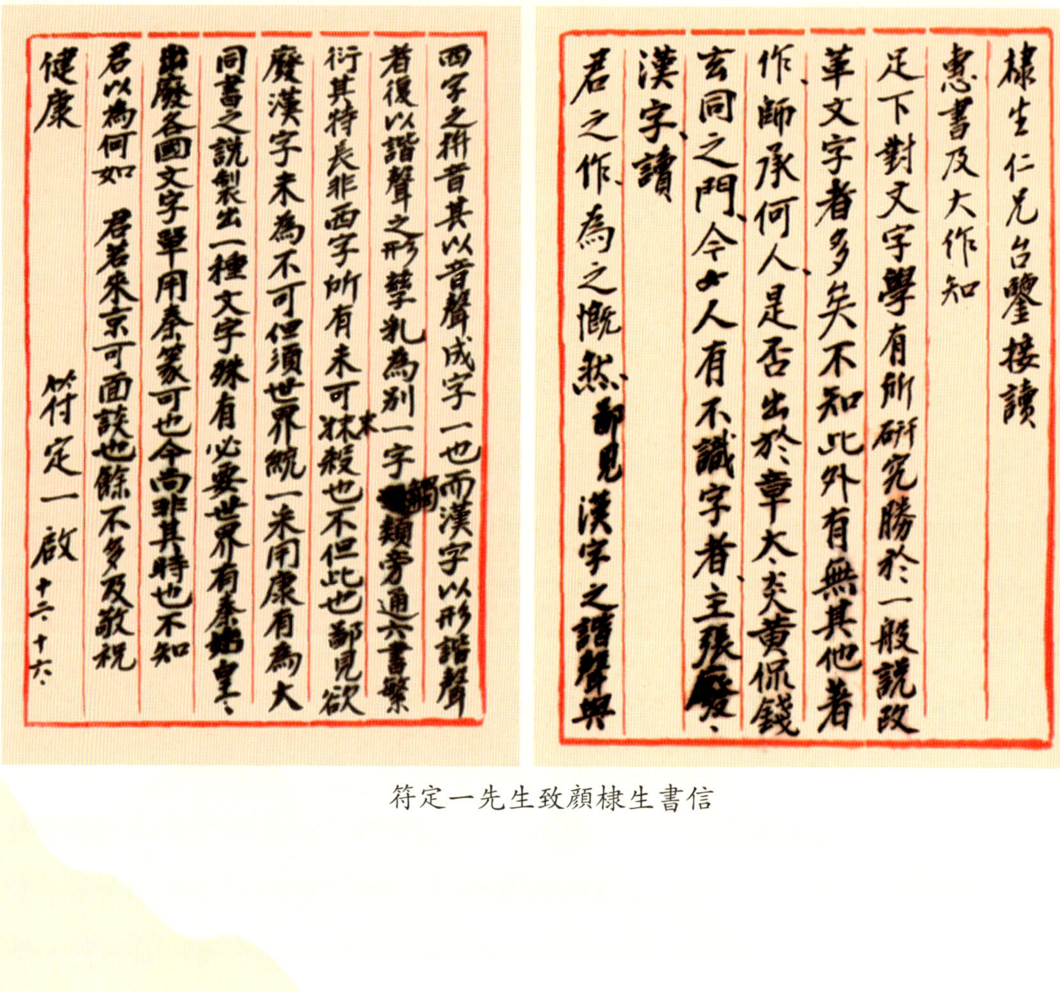

棣生仁兄台鑒：接讀
惠書及大作，知
足下對文字學有所研究，勝於一般說改
革文字者多矣。不知此外有無其他著
作，師承何人，是否出於章太炎、黃侃、錢
玄同之門。今之人有不識字者主張廢
漢字，讀
君之作，為之慨然。鄙見漢字之諧聲與
西字之拼音，其以音聲成字一也，而漢字以形諧聲
者復以諧聲之形孳乳為別一字，觸類旁通，六書繁
衍，其特長非西字所有，未可抹殺也。不但此也，鄙見欲
廢漢字未為不可，但須世界統一，未用康有為大
同書之說，製出一種文字，殊有必要。世界有秦始皇
出，廢各國文字，單用秦篆可也，今尚非其時也。不知
君以為何如？君若來京，可面談也。餘不多及，敬祝
健康
符定一啟 十二、十六、

符定一先生致顏棣生書信

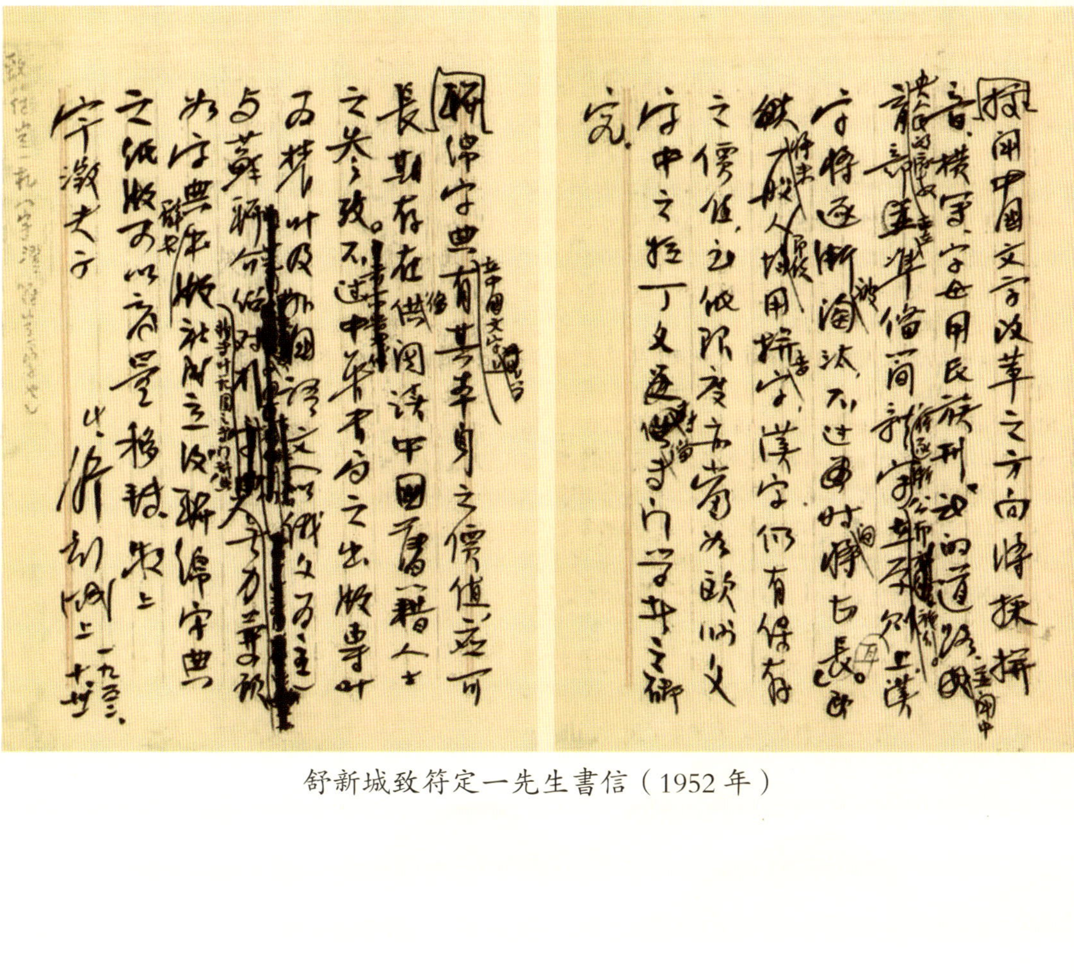

舒新城致符定一先生書信（1952 年）

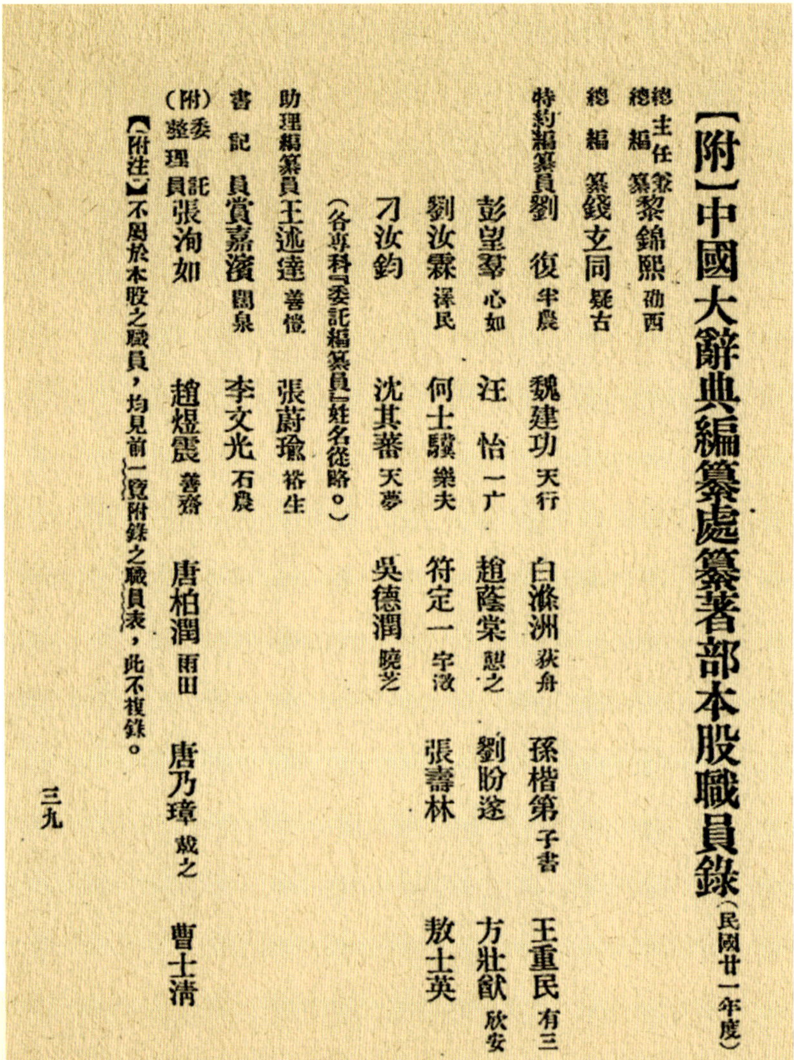

【附】中國大辭典編纂處纂著部本股職員錄（民國廿一年度）

總主任兼總編纂 黎錦熙 劭西

總編纂 錢玄同 疑古

特約編纂員 劉復 半農　魏建功 天行　白滌洲 荻舟　孫楷第 子書　王重民 有三

彭望荃 心如　汪怡 一厂　趙蔭棠 憩之　劉盼遂　方壯猷 欣安

劉汝霖 澤民　何士驥 樂夫　符定一 宇澄　張壽林　敖士英

刁汝鈞　沈其蕃 天夢　吳德潤 曉芝

（各專科「委託編纂員」姓名從略。）

助理編纂員 王述達 善愷　張蔚瑜 裕生

書記員 賞嘉濱 閎泉　李文光 石農

（附）委託整理員 張洵如　趙煜震 善齋　唐柏潤 雨田　唐乃璋 裁之　曹士清

【附注】不局於本股之職員，均見前一覽附錄之職員表，此不複錄。

三九

中國大辭典編纂處纂著部本股職員録，符定一爲特約編纂員（1932年）

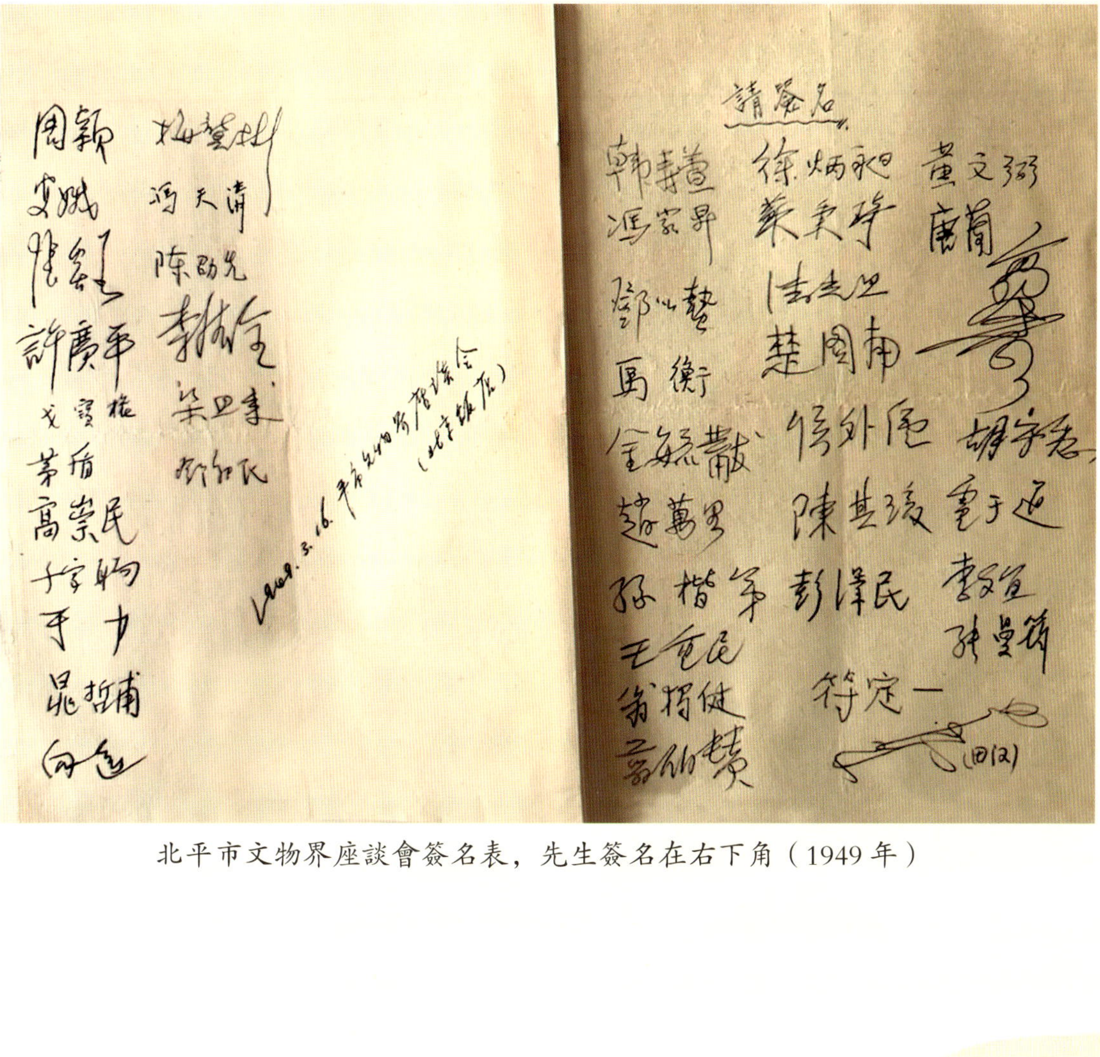

北平市文物界座談會簽名表，先生簽名在右下角（1949 年）

文史研究館成立

中央文史研究館成立紀念合影，前排左七爲符定一（1951 年）

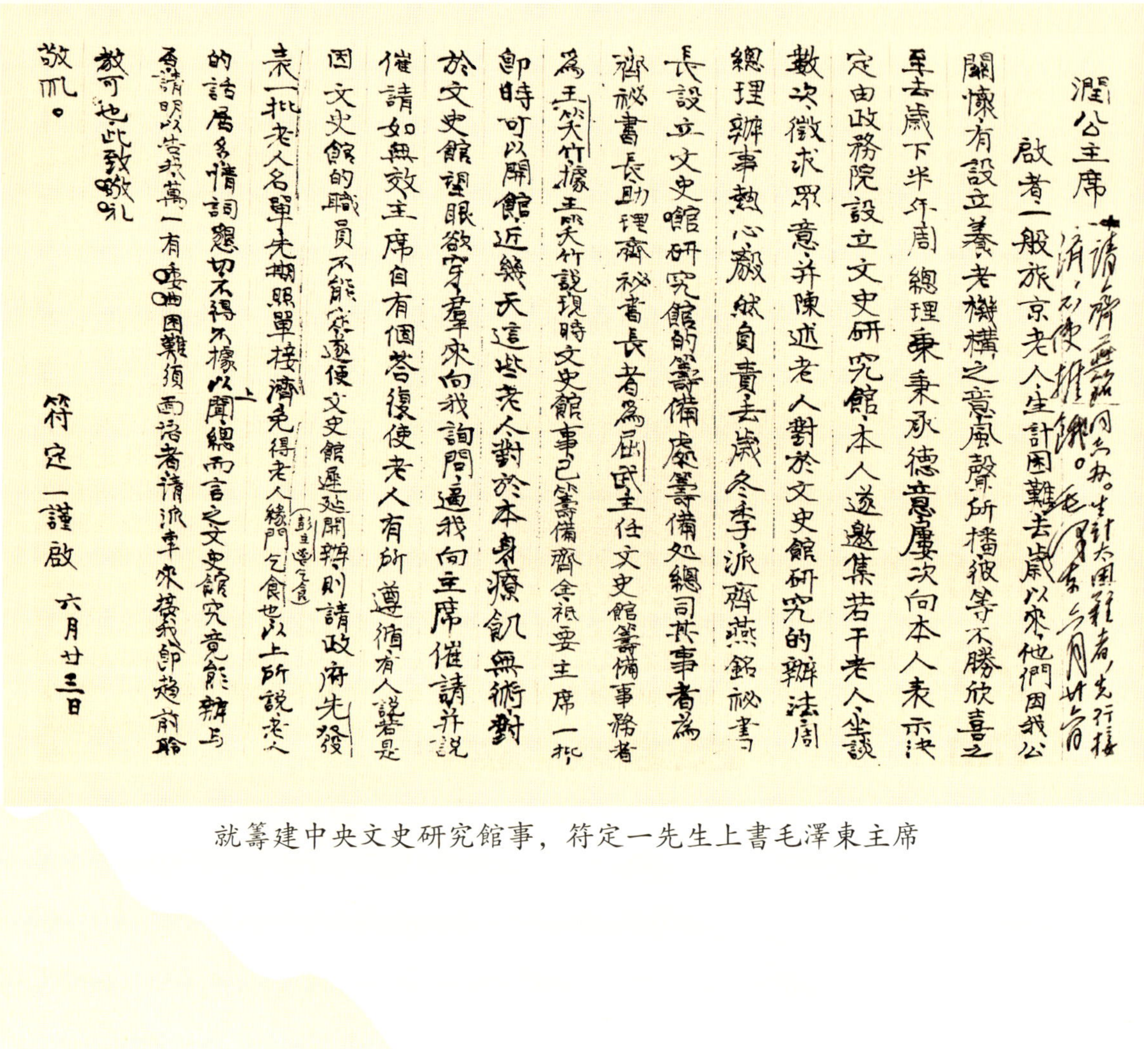
潤公主席：

請齊燕銘同志办。生計太困難者，先行接濟，不使挨餓。毛澤東 六月廿四日

啟者：一般旅京老人生計困難，去歲以來他們因我公關懷，有設立養老機構之意，風聲所播，彼等不勝欣喜之至。去歲下半年，周總理秉承德意，屢次向本人表示，決定由政務院設立文史研究館，本人遂邀集若干老人坐談數次，徵求眾意，并陳述老人對於文史館研究的辦法，周總理辦事熱心，毅然負責。去歲冬季，派齊燕銘秘書長設立文史館研究館的籌備處，籌備處總司其事者為齊秘書長，助理齊秘書長者為屈武，主任文史館籌備事務者為王笑竹。據王笑竹說，現時文史館事已籌備齊全，祗要主席一批，即時可以開館。近幾天這些老人對於本身療飢無術，對於文史館望眼欲穿，群來向我詢問，逼我向主席催請，并說催請如無效，主席自有個答復，使老人有所遵循。有人說：若是因文史館的職員不能答應，便文史館遲延開辦，則請政府先發表一批老人名單，先期照單接濟，免得老人緣門乞食也。（彭主要乞食）以上所說老人的話，屠多情詞懇切，不得不據以上聞。總而言之，文史館究竟能辦與否，請明以告我。萬一有西困難，須面語者，請派車來接，我即趨前聆教可也。此致

敬禮。

符定一謹啟 六月廿三日

就籌建中央文史研究館事，符定一先生上書毛澤東主席

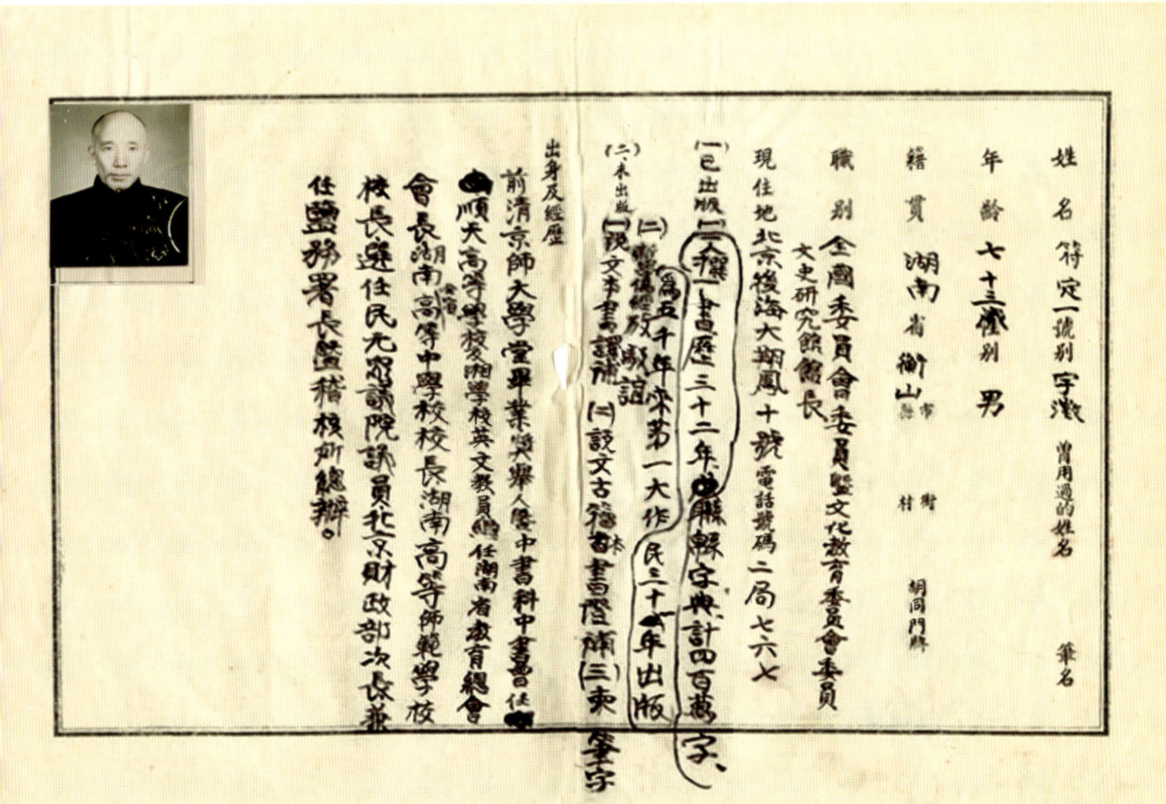

姓名 符定一 號別 字澂 曾用過的姓名 筆名

年齡 七十三歲 性別 男

籍貫 湖南省衡山縣 街 村 胡同門牌

職別 全國委員會委員暨文化教育委員會委員 文史研究館館長

現住地 北京後海大翔鳳十號 電話號碼 二局七六七

(一)已出版 (一)撰一書歷三十二年，聯緜字典，計四百萬字、(二)[illegible]為五千年來第一大作 民三十[illegible]年出版

(二)未出版 (一)說文書譜補 (二)說文古籀[illegible]書證補 (三)東[illegible]字

出身及經歷 前清京師大學堂畢業，[illegible]舉人，授中書科中書，曾任順天高等學堂[illegible]湘學校英文教員，繼任湖南省教育總會會長，湖南高等中學校校長，湖南高等師範學校校長，選任民元[illegible]議院議員，北京財政部次長兼任鹽務署長，監稽核所總辦。

先生親筆填寫的中央文史研究館館員登記表

中央文史研究館（上圖爲現址，下圖爲舊址）

符定一先生之墓（北京八寶山革命公墓一墓區月字組西一）

先生姓符氏諱定一湖南衡山縣人早歲熱心興學在本省從事教育工
作歷任省立第一中學校校長高等師範學校校長全省教育會會長等
職一九二二年曾一度任北洋政府財政部次長兼鹽務署署長未幾去
職後乃閉戶撰述著有聯綿字典約四百萬言及新學偽經考駁議行世
半生精力悉萃於此日寇竊據北京時先生堅持民族立場不為敵人威
武所屈一九四六年國民黨反動派偵知先生與八路軍軍調部人員過
從且潛往延安一次因此極為仇視濫行逮捕欲加之罪嗣經友人營救
旋即釋放一九四九年全國解放後參加中國人民政治協商會議第一
屆全體會議並被選為政協全國委員會委員一九五一年任中央文史
研究館館長一九五四年被選為全國人民代表大會代表先生晚嬰重
疾居醫院者有年繼復患支氣管肺炎診治罔效竟致不起生於一八七
七年十一月十九日卒於一九五八年五月三日享年八十二歲

符定一先生墓碑文

《符定一全集》編委會

主　　編：高　雨　袁行霈

副 主 編：馮　遠　王衛民　鄭宏英　徐　暢

委　　員：（以下按年齡排序）

葉嘉瑩　資中筠　傅熹年　王　蒙　陳高華

樊錦詩　劉夢溪　白少帆　趙仁珪　李炳華

劉大鈞　陳祖武　劉彭芝　霍　達　葛劍雄

趙德潤　仲呈祥　陶思炎　安家瑶　田　青

陳曉光　梁曉聲　陳　來　張　平　陳平原

徐世虹　楊静茂　陳　力　陳曉明　滎新江

萬建中　趙汀陽

辦 公 室：楊志新　王錫洋　張旭光

工作人員：孟雲飛　吴秋野　張　婷

特約編輯：孟　澤　吴仰湘

總　序

中央文史研究館肇始于1951年，禮聘碩學鴻儒，存續國故，襄贊文教，以弘華夏文明爲正脉，以崇文鑒史持爲樞要，克踐其務。其制承古而維新，既效漢唐館閣之遺風，復秉現代學術之精神，爲國家文史研究及文化咨詢之重鎮。

館員之選，必以“德、才、望”爲準，爲學貫中西之士，或精研經史，或擅詩文書畫，皆一時之耆彦。聘選之制甚嚴，須經多方舉薦，禮遇之隆，足見國家崇文尚德之意。

文史館自成立以來，先後有符定一、章士釗、楊東蓴、葉聖陶、蕭乾、啓功和袁行霈七位館長。諸公皆德潤圭璋，學術成就各具風神而自成氣象。

符定一先生以小學名家垂範，平生覃思精研，所撰《聯緜字典》鈎沉稽古，考訂周詳，熔文字、音韵、訓詁于一爐，開近代聯緜詞研究之先河。其治學承乾嘉遺風而能出新意，于古文獻校讎尤見功力。章士釗先生博通經史，兼涉西學，所著《邏輯指要》融貫中西名理，爲近代邏輯學本土化之典範；晚年撰《柳文指要》八十萬言，抉發柳子厚文章奥義，以經世之心重估永貞革新，自成一家之言。楊東蕤先生乃唯物史觀治史之先驅，譯介《古代社會》開風氣之先，編著《高中本國史》教材貫通新舊，其學貫通古今，尤重社會形態嬗變之辨，以經世致用爲治學鵠的。

葉聖陶先生以文心雕龍之筆，開現代語文教育新章。所著《文心》化文論爲春雨，《稻草人》寓世情于童話，主編國文教材六十載，潤澤數代學人。蕭乾先生身兼戰地記者與文學哲匠，親歷歐陸烽烟而作《人生采訪》，以紀實筆法存歷史真容；晚年譯喬伊斯《尤利西斯》，展現代主義文學譯介之新境。啓功先生于書畫鑒定獨步當世，所創“黄金律結字法”揭書法玄機，《詩文聲律論稿》探驪得珠，至《啓功叢稿》則顯其淹博之學，以通人之資游藝于文史之間。袁行霈先生主攻古典文學，撰《中國詩歌藝術研究》抉發詩心文眼，主編《中國文學史》立當代範式，倡“守正出新”之旨，以文化自覺接續千年文統。

諸館長之學，貫通經史，融會百家，于文字訓詁、文學創作、史學研究、哲學思辨、藝術鑒賞諸領域皆有建樹。其著述既凝聚傳統文化之精髓，又藴含應對時代命題之卓見。七賢雖術業殊途，然皆以弘毅精神守文化命脉，其學術軌迹如北斗列星，交相輝映，共構二十世紀中國學術之璀璨星空，爲中華文化的傳承與發展作出了卓越貢獻。

文史館既守樸學之嚴謹，復開智庫之新局，融舊學于時務，匯傳統于創新。其存文弘道之志，正與國運相繫，任重道遠，來日可期。編纂中央文史研究館歷任館長全集，既爲鈎沉稽古之要務，亦屬文化傳承之盛事。七位館長之學術著述與翰墨遺珍，不啻爲一部濃縮的館史長卷，清晰勾勒出該機構弘揚中華文脉、賡續文化薪火的歷程軌迹。

系統整理這批珍貴的學術遺産，不僅可爲中國特色的哲學社會科學體系建設提供豐厚滋養，更能爲當代文化創新開啓智慧之源。誠可謂：集先賢之遺韵，開未來之新局。是集之刊行，尤具承先啓後之深意。此文化工程之實施，必將有力推動中華優秀傳統文化之創造性轉化與創新性發展。此鴻篇巨製，雖經編者多方搜求、悉心考訂，然典籍浩瀚，難免有滄海遺珠之憾，校讎雖勤，猶恐存魯魚亥豕之訛。是集付梓之後，尚祈方家不吝指正，俾使其日臻完善，庶幾無愧于先賢，有裨于來者。

編委會謹序

2024 年 12 月 20 日

整理說明

本次整理出版，主要爲重新標點、校勘，并加以注釋。兹將有關事宜略述如次：

一、所據底本主要爲商務印書館1937年版《新學僞經考駁誼》、京華印書局1943年版《聯緜字典》、中華書局1954年版《聯緜字典》、近現代書報刊等。

二、原書涉及大量文字音韵訓詁學知識，爲準確呈現作品内容，全書采用繁體，并保留部分異體字，如"坿""箸"等。

三、對文獻的整理，依據底本及參校資料進行校勘標點、合理分段。對底本文字的訛、奪、衍、倒作正、補、删、乙，出校記；避諱字則徑改，如將"鄭元"改爲"鄭玄"。

四、爲便于讀者理解，對文獻來源、人物事件、作者署名等，予以簡要注釋。

五、文獻漫漶不清之字，用"□"表示，不作猜測臆斷。

六、附録師友唱酬、魚雁往還，以及相關研究。鈎稽作者生平年表。

七、《聯緜字典》爲工具書，其篇幅龐大，本書祇選録其叙跋等學術部分，主體部分另書出版。

八、原著博大精深，雖竭力整理，容有不當之處，敬希海内外方家指正。

九、文獻搜集過程中，曾得到符方梅、何志洋、于鵬遠、唐志遠諸君幫助，謹致謝忱。

編者

2025年1月

前　言

符定一，字宇澂（或作宇澄），號悔庵，本名方梓，光緒五年（1879）生于湖南衡山縣留筆塘（今白果鎮五一村）①。

符定一幼受庭訓，在父親符義玉教導下習讀九經，繼由叔父符炳光授以《公羊傳》《儀禮》《周禮》《爾雅》《昭明文選》，均能背誦②。他先入讀湖南南路師範學堂，1903年考入京師大學堂師範館。1908年畢業後，任資政院秘書、順天高等學堂教習。曾自稱在湖南人中識字爲最多，亦能作文章，讀舊書在二萬卷以上，習科學在五十門以上③。

①關于符定一的出生時間，現有1877年、1878年、1879年、1880年等説法。按，符定一在《聯緜字典》撰成時，與書稿合影留念，注明“民廿九年上巳攝景”，并自題“時年六十有二”；1947年符定一被國民黨軍警逮捕時自稱六十八歲，隨後天津《益世報》采訪報道稱“符定一今年已六十八”（見《益世報》1947年2月26日第四版），由此推算，他應出生于1879年。《中央文史研究館館員傳略·符定一》也作1879年出生。

②符定一：《聯緜字典·自叙》《聯緜字典·後叙》。

③憲法會議第五次會議符定一發言節録，《大公報》1924年10月30日第六版。

辛亥革命後，符定一回到湖南，“元、二、三年，職司教育”[①]，竭慮殫精，歷任湖南省公立高等中學校（即後來的省立第一中學）校長、湖南高等師範學校校長，兼任湖南省教育會副會長，并一度執教于湖南公立第一師範學校。符定一執掌全省公立高等中學校時，發現青年毛澤東富有文才與思想，特意加以栽培，“師生相處甚得”[②]，情誼至篤。袁世凱復辟帝制，符定一因與楊度、葉德輝等關係密切，出任籌安會湖南分會副會長。1918 年，符定一被選爲安福國會衆議院議員，遷居北京。毛澤東也因組織湖南青年赴法留學，羈留北京，得到符定一關照和資助。五四運動爆發後，在北京大學召開的北京各校全體聯合大會上，符定一以議員身份發表演説，表示“社會對於此次學界舉動深表同情，即鄙人亦甚贊同，以後進行，願效犬馬之勞”[③]。1921 年夏，葉德輝遊北平，寓居符宅，秋間葉德輝南返，符定一匯集其詩文，刊行《郎園北遊文存》[④]。

---

①符定一：《聯緜字典·後叙》。

②《平老儒符定一抗議檢查致書市長》，《益世報》1947 年 2 月 26 日第四版。

③《中國現代史教學參考資料》第一分册，上海教育出版社 1960 年。

④符定一：《郎園北遊文存序》。

1925年，符定一回湘省親，恰值毛澤東因在長沙領導工人運動，被趙恒惕政府緝捕，符定一以毛澤東是湖南了不得的人才，“向當局把他保出”[①]。湘直戰争爆發後，符定一充當趙恒惕的代表（符與趙同是衡山白果鎮人），同直系軍閥吴佩孚聯絡，得到吴佩孚信任，并因此在1926年6月被任命爲北洋政府財政部次長，兼鹽務署署長、稽核總所總辦，至1927年3月辭職[②]。從此之後，符定一潛心著述，編撰《聯緜字典》，著《新學僞經考駁誼》等。

日寇侵占北京後，符定一返鄉隱居，在老家捐款興辦競存學校。抗戰勝利後，仍回北京。1946年6月，符定一應中共中央主席毛澤東之邀，到延安訪問三個月。在毛澤東主持的歡迎大會上，符定一揭露蔣介石的獨裁與國民黨政府的腐敗，籲請中共興正義之師，救民于水火之中[③]。從延安回到北京後，符定一積極參加反蔣民主統一戰線，因爲與共

---

①《平老儒符定一抗議檢查致書市長》，《益世報》1947年2月26日第四版。

②錢實甫編：《北洋政府職官年表》，華東師範大學出版社1991年。《益世報》1927年1月14日第四版刊發《符定一有烟酒督辦希望》，稱符定一“與吴方關係甚深”。

③《中央文史研究館館員傳略·符定一》，中華書局2001年。

産黨人多所過從，1947年2月遭軍警逮捕。經葉劍英等營救，數天後被釋放。獲釋後，符定一接受天津《益世報》記者采訪，并發表致北平市長何思源公開信，抨擊國民黨踐踏人權，“捕國家老儒如犬豕然”①。

1948年10月，經毛澤東安排，符定一到達河北平山縣李家莊（中共中央統戰部駐地）。1949年1月，符定一與李濟琛、沈鈞儒、馬叙倫等五十五人聯名發表《我們對於時局的意見》，堅決支持中共中央關于時局聲明中提出的八項和平條件。6月，符定一作爲無黨派民主人士代表，參加新政治協商會議籌備會，隨後參加中國人民政治協商會議第一届全體會議，當選爲政協全國委員。中華人民共和國成立，符定一出任政務院文化教育委員會委員，不久又接受毛澤東的委托，與柳亞子等籌建中央文史研究館，并擔任第一任館長。1954年，又被選爲全國人民代表大會代表。符定一晚年曾發憤作《説文補義》，惜未完稿。

1958年5月3日，符定一病逝于北京，骨灰安葬于八

---

①《平老儒符定一抗議檢查致書市長》，《益世報》1947年2月26日第四版。

寶山革命公墓。在5月6日舉行的公祭上，毛澤東、劉少奇、周恩來、朱德、陳雲、鄧小平等送花圈，悼詞對符定一的一生作了很高的評價，周恩來總理特别指出他有三大貢獻："一是首先發現毛澤東同志爲中國的有用人才；二是建黨初期，支持黨的活動，營救黨的領袖；三是晚年參加反蔣鬥争，對建設新中國有貢獻。"①

符定一早年即究心于經術、文字之學，對許慎《説文解字》篤信謹守，針對康有爲《新學僞經考》詆毁《説文》，撰成《新學僞經考駁誼》，1937年出版後轟動一時。

康有爲在《新學僞經考》中，將《毛詩》《古文尚書》《周禮》《春秋左氏傳》等古文經傳，指爲西漢劉歆所僞造，對《史記》《漢書》中稱説"古文"之處，又一概加以詆斥，"非以遷書爲歆竄，即以班書爲歆撰"②，并對《説文解字》加以攻擊，認爲篆文直承籀文，否認"古文"是先秦文字，將《説文》斥爲"僞古學"，將書中所收古文指爲"僞字"。《新學僞經考》自1891年刊行，遭到章太炎、

① 《中央文史研究館館員傳略·符定一》。

② 胡玉縉：《新學僞經考駁誼叙》，胡玉縉撰、王欣夫輯：《許廎學林》，中華書局1958年。

劉師培等古文學家的批評。錢穆在1930年發表《劉向歆父子年譜》，列舉西漢元、成、哀、平時期相關史實，對劉歆僞作古文經傳以助王莽篡漢的説法作了駁斥。1932年，錢玄同在北京大學《國學季刊》上發表《重論經今古文學問題》，作爲《新學僞經考》新刊本的長篇序言，高度肯定康有爲的辨僞功績，再次激起學界的反感。1933年，黄侃到北京，與符定一往來論學，相約共護《説文》。符定一在1936年所作《新學僞經考駁誼·自叙》中回憶説："三年前，友人黄君侃遊北平，一日語予曰：'自今已往，吾兩人相約護《説文》。'予應之曰：'毁《説文》不遺餘力者，《僞經考》也。'黄君曰：'君譔《聯緜字典》，儲備經説，可起以駁康君。某有一二證，可右助也。'未幾，黄君赴京，余亦旋湘。去歲黄君棄世，予率爾譔此。經術淺薄，言之無文……勉踐黄言，輒陳固陋，敢云護《説文》哉！"[①]書稿完成後，符定一特意到蘇州，送請章太炎審閲，得到章太炎指正，"章審核全稿，承商榷者四處"，肯

①符定一：《新學僞經考駁誼·自叙》。

定“書甚佳，可宣布焉”[①]，并在其主編的《制言》上，先行刊載《〈新學僞經考駁誼〉摘録》，包括符定一的《自叙》和考辨《左傳》《説文》真僞的五節文字[②]。胡玉縉看到書稿後，也欣然作序，譽稱符氏之作“實爲不可少之書”[③]。

符定一畢生致力于編撰《聯緜字典》。所謂聯緜字，是一種由兩個音節聯綴成義而不能分割的詞語，古人稱之爲“復名”“聯字”“連字”“連語”“駢字”或“二文一命”。中國古代文獻中有大量的聯緜字，《爾雅》以來的各種字書也相繼集釋聯緜字，但歷代學人習慣于“分文析字”，誤將構成聯緜字的兩個漢字分開訓解，“説者望文生義，往往穿鑿而失其本指”[④]，所以聯緜字研究一直是中國訓詁學領域的一大盲區。1922年底，擔任北京大學國學門

---

①符定一：《新學僞經考駁誼·自叙》。

②符宇澂：《〈新學僞經考駁誼〉摘録》，《制言》第十六期，1936年5月1日出版。按，《制言》所刊文字與商務印書館版行者頗有差異，有些文句見于《制言》而不見于書中，可見《制言》所刊不純是對書稿的摘録，也可能是符定一在出版前對書稿作了增删。

③胡玉縉：《新學僞經考駁誼叙》。

④王念孫：《讀書雜志·漢書弟十六·連語》，鳳凰出版社2021年。

通信導師的王國維，建議開展“古文學中聯緜字之研究”，提出：“聯緜字，合二字而成一語，其實猶一字也。前人《騈雅》《别雅》諸書，頗以義類部居聯緜字，然不以聲爲之綱領，其書蓋去類書無幾耳。……若集此類之字，經之以聲，而緯之以義，以窮其變化，而觀其會通，豈徒爲文學之助，抑亦小學上未有之事業歟！”①他不僅敏鋭地指出開拓聯緜字研究的學術新領域，還萌生出編纂一部聯緜字典的想法，遺留下來的三卷《聯緜字譜》，則離他理想中的聯緜字典還有很大距離。符定一編撰出四百多萬字的《聯緜字典》，集歷代聯緜字收録與研究之大成，聯緜字纔以獨立的姿態與恢宏的面貌，正式走進中國語言文字學的殿堂。符定一也因爲以一人之力，費三十年之功，完成這部煌煌著作，被譽爲中國小學史上“古今一人”。

符定一編撰《聯緜字典》，幾乎費盡一生心血。他回憶説：“余之譔此書也，歷三十餘年，肇自宣統庚戌，訖於民國庚辰。”②即發始自 1910 年，成稿于 1940 年。“定一

①王國維：《致沈兼士》，清華大學國學研究院主編：《王國維文存》，江蘇人民出版社 2014 年。

②符定一：《聯緜字典·後叙》。

幼時過庭，先子（卓卿公）、仲父（佩卿公）授以《十三經》《文選》，均背誦，故少多識聯緜字。光緒末歲，畢業京師大學堂，習英語，有志譯述。遂操舊業，進而殫力《説文》《廣雅》《經解》諸書，於是篤意於經術、小學矣。庚戌摘録聯字，始自《文選》，本庭訓也。厥後廣其範圍，隋以前經籍，均在讀鈔之列。民十六年春，全書取材告終，分部剪裁，依例排比，黏成巨册，凡四十有四。是年夏，就册編纂，日詁十五字内外，自晨興至夜半，工作恒逾十四小時，不中程不得休息……至二十八年冬，全書編竟。校讎之事，于役者六人，歷時六載，費金逾萬。”[①]從集録文字到摘抄材料，從編排剪裁到檢校核對，三十年專心致志、殫精竭慮，夙興夜寐、含辛茹苦，精力之强勁、意志之剛毅，實非常人所可想象。所以符定一自豪地宣稱“一人撰一書，四百萬字，五千年來，此爲初見”，感嘆“殊尤絶迹，豈易易哉”[②]，確是肺腑之言，聞之令人肅然起敬，

①②符定一：《聯緜字典·後叙》。1943 年《聯緜字典》印行後，符定一在南嶽衡山刻石紀念，其中説：“夙興夜寐，詁訓是攻。解字説文，形聲相從。文異語轉，音同義通。積稿等身，簡册繁重。海匯百川，山移愚公。卄秊黽勉，以蔵鉅典。一人一書，四百萬言。生民初覩，海外靡見。”見《聯緜字典·跋尾》。

也與他一貫的自視相吻合。1924年，他曾自發“狂言”，宣稱：“自命所有著述，在湖南文化上目空今古。現時講舊學而有著述者除葉煥彬（即葉德輝）先生外，餘均未遑多讓也。”①

《聯緜字典》先由京華印書局于1943年1月、7月分上下兩部印行，分裝十册；1946年5月，改由中華書局出版，分爲十册，附索引一册。1953年7月，符定一對《後叙》稍作審訂，并致信毛澤東請求題詞，但毛澤東衹題寫了書名。1954年2月，用毛體字作封面的《聯緜字典》由中華書局再版，分作四册；至1983年1月第三次印刷，再版本已發行近三萬册。臺灣中華書局則在1973年11月出版《聯緜字典》臺四版，分爲三册。

《聯緜字典》既是有史以來規模空前的聯緜字專書，又是第一部專收三代至六朝雙音節合成詞的詞典，其開創與集成之功，均值得肯定。黄侃説：“粤昔周公，始作《釋詁》，單復之訓，粗雜同編。始曰‘權輿’，壽曰‘黄

---

①憲法會議第五次會議符定一發言節録，《大公報》1924年10月30日第六版。

髮’；‘元良’爲首，‘徂落’爲終。乃至‘關關、噰噰’，疊字成義；‘毗劉，暴樂’，聲轉可求。自餘‘噩没’‘緝熙’‘左右’‘勞來’之類，莫非綴合二字，以爲一言。後世訓故之書，慮皆仰遵其法，兼臚單復，從未有專采復名，依《説文》《字林》之法，排比整齊，以便尋覽者。有之，自吾友衡山符宇澂氏之《聯緜字典》始。”①葉德輝説：“聯字濫觴於《爾雅·釋訓》《釋言》，宋張有《復古編》，遂分聯緜字别爲一類。宇澂推廣之，每部以聯字列前，以重疊字附後，搜採浩博，引據皆古今儒先之言，循是而求，不獨經典故訓得其會歸，而文筆所資亦取之無盡，洵儒林、文苑合爲一家之鉅製也。”②王樹枏也説：“小學之書，莫古於《爾雅》。《爾雅》者，所以備訓詁、詞章之用，而《釋訓》一篇，則爲諸書聯緜字之權輿。後世《駢雅》《疊雅》諸作，則專緝聯緜字，以推廣《釋訓》之所未備。而符宇澂之《聯緜字典》，則尤廣搜博採，集其大成，洵文字之淵藪，故訓之滙歸也。”③

①黄侃：《聯緜字典·黄叙》。
②葉德輝：《聯緜字典·葉叙》。
③王樹枏：《聯緜字典·王叙》。

符定一對奮力纂成《聯緜字典》極爲自慰自得，對研究聯緜字的成就也頗爲自信自負。他説："其書義證分屬，聲韻兼晐，異文備陳，轉語羅列。撮其梗概，有五難焉：其取材也，捃摭經、史，掇拾子、集，探索賾隱，搜厥遺佚，一難也。其簒詁也，若經有傳，若禮有記，若圖有説，若綱有目，二難也。其正形也，别古、籀焉，判奇字焉，辨正俗焉，分本借焉，三難也。其審音也，反切别義，諧聲察省，紐表自立，韻字參眾，四難也。其定義也，本之經訓，徵之古今，準之字書，參之子史，五難也。楬斯五者，黽勉從事，精罷神瘁，困而不失其所。六十之年，得蕆斯業，亦云幸矣。"他又説："余之制作，豈曰辭義典雅，足傳于後？惟以故書碩記，樸學舊聞，綴緝于篇，非小道也。雖匿考類，當有可觀者焉。矧以許書諧聲，判明異文；重文、讀若，證明轉語。汶長以後，吾偶得之，乾嘉學者，不及斯也。若夫轉語樹例，析音求精；故訓廣搜，陳義求博。《蒼》《雅》以降，諸家字書、訓詁學，靡有類此者也。"[1]真可謂超越乾嘉、獨邁古今，此種

①符定一：《聯緜字典·後叙》。

自我評價，并非空穴來風。符定一還從引用書證、集釋字義、審辨字音、分别字形等四個方面，將坊間辭典與《聯緜字典》作優劣比較，突出《聯緜字典》超越時流的水平與非同凡響的成就。

符定一早年"篤意於經術、小學"，後來更堅信"經學從小學入者，其經學可信……小學從經學出者，其小學有本"，在《聯緜字典》中"表章六經，是正文字，固一以貫之"①，從文字、音韵、訓詁三個層面入手，對三代至六朝的聯緜字作了精深研究，將經學與小學融貫爲一。黄侃對此大爲激賞，曾當面表揚他："君書《凡例》，事事允當，語語内行。湖南人治學，從未有精核若此者。""湖南人箸書而能有此，洵爲異事。"②據説黄侃還在閱過符定一書稿後登門造訪，"入室後正立向余打躬三，從容言曰：'今日論學，君爲吾兄。即本師章氏箸作，未若君之鉅也。吾初以湘人箸書，不過爾耳。今君書體例精詳，六經皆注脚，鄒漢勛後，突出此作，魏、王、皮、葉，瞠若乎後矣。'"第二天，他又對符定一説："馮桂芬死，下江無人，吾兩人勿庸

①②符定一：《聯緜字典·凡例》。

客氣。下江學術，溯江而上，往兩湖去矣。”①

值得注意的是，《聯緜字典》刊印後，孫楷第作專文評述，指出其七失，即詞排列方法不善、詞類搜集不備、有誤收之詞、釋事釋義多偏而不全、解釋不明、解釋錯誤、注文蕪雜，頗對符定一自許過高不以爲然，但文末寫道：“詞典之爲物，無所不包，究非一人所易爲力。符君之爲此書也僅三十年，始終其事，其志固已偉矣，縱有疵眚，似亦不必爲苛論。又其人早入仕途，棄官之後，便不復出，守知足之誡，唯以著作自娱，亦不肯爲人師，以視世之惜身家、營利禄、朋黨比周、老死而後已者，其賢不肖爲何如！觀君之志與其所爲，誠有足重者。”②孫楷第既從嚴格的學術批評角度指陳《聯緜字典》的缺點，又對符定一的治學精神與道德人格特加肯定，可以視作民國學界的心聲。

除短時間從政外，符定一畢生從事教育與著述事業，孜孜不倦，多所創獲，狷介而識時務，拙誠而高氣宇，定心廣

---

①符定一：《聯緜字典·後叙》。

②孫楷第：《評〈聯緜字典〉》。按，朱積孝有《符定一〈聯緜字典〉辨誤》（刊《辭書研究》1992年第五期），全抄孫楷第此文，令人震驚。

志，大度優容，誠爲時代先進。可惜他的著作除《新學僞經考駁誼》《聯緜字典》生前得以刊布外，其餘文字大多散佚。然而，僅從偶露鱗爪的詩文、聯語、信札來看，其積學深厚，情懷樸實，義理充盈，文采斐然，堪稱有道君子，文章典型，可以示範儒林。本次整理其全集，雖多方搜求，仍所獲無多。因爲《聯緜字典》卷帙巨大，擬單獨出版。此帙乃《聯緜字典》正文外之所見全部。

符公鴻儒碩學，所治又爲經學、小學，識字本難，校讎不易，魯魚亥豕，難免舛錯，尚祈海内外方家匡正指教。

目録

學術著作

序跋書信

時事評論

附 録

學術著作

新學僞經考駁誼

自叙

清光緒十有七年夏四月，南海康有爲譔《新學僞經考》。新學者，新室學也；僞經者，古文經傳咸僞也；考者，考羣書以證其僞、距其學也。書成示俞樾，俞語人曰“康書奇”，輕之也。未幾，儒林大非訾，朝議燬版，則重之也。且夫《僞經考》之爲書也，其徵引也博，其屬詞也肆，其制斷也武，其立誼也無稽，其言之也不怍。其意若曰：古文生于贗鼎，古書假于屋壁，《周官》制于新室，《左傳》分于《國語》，《毛詩》託于毛亨，《説文》原于僞學，歧路有歧，豈可信哉？君子曰：其然，豈其然乎！今夫《公》《穀》《孟子》之文，《大傳》《外傳》之作，《繁露》《新序》之篇，今文家奉爲圭臬者也，顧其説佚《書》，述《左氏》，稽六官，往往而有。是故古文之同乎今學也，正諸先民而不妄，異世以俟達人而不誤者也。夫如是，奚其僞？抑予有進焉者。康謂《史記》歆竄，焉用徵之？《漢書》歆譔，焉用引之？《别録》歆依託，焉用援之？既張其盾，復建其矛，以矛攻盾，遁詞知其所窮矣。

或曰：康氏之誤，既得聞命矣。其書淫詞，得毋訂之未周乎？予應之曰：先立乎其大者，則其小者不能奪也。篆、籀相承，籀之前其無字邪？羲皇迄于周宣，不離古文者近是。三體石經，厥意可得而説，古文之有昭昭矣。韓嬰曰："秦棄《詩》《書》，大滅聖道。"古學之起，其何疑之有焉？《武城》之策，《孟子》取之；《書序》之詞，《史記》載之。《大司馬》之典，《書傳》證之；《左氏》之事，《韓詩》述之。《毛傳》之指，《魯説》同之；《詩序》之文，《獨斷》箸之。"禔平"之言，見之京氏；"出涘"之詁，本之伏生。然則《書》《詩》《周禮》《左傳》《説文》，其犖犖大者悉徵信矣，餘則迎刃而解，不幾如土之委地乎？夫然後古經真矣，無違教焉可也；許書不爽矣，安學博喻可也。三年前，友人黄君侃遊北平，一日語予曰："自今已往，吾兩人相約護《説文》。"予應之曰："毀《説文》不遺餘力者，《僞經考》也。"黄君曰："君譔《聯緜字典》，儲備經説，可起以駁康君。某有一二證，可右助也。"未幾，黄君赴京，余亦旋湘。去歲黄君棄世，予率爾譔此，經術淺薄，言之無文。書成，攜稿赴姑蘇，就正餘杭章太炎先生。章審核全稿，承商榷者四處。書中稱“章氏曰”者，皆面語也。章先謂予曰：“君列舉今學引古經者，以證古經之不僞，可謂中肎綮矣。書甚佳，可宣布焉。”前輩獎進，聞之慙悚。勉踐黄言，觕陳固陋，敢云護《説文》哉！

民國二十五年季春月，衡山符定一宇澂譔。

卷一

一事：秦始皇同書文字，證明列國文字不止一體。五經有譔于史籒巳前者，最初書册當然爲古文，而非籒文。孔、左承用，何得云僞？

康有爲曰：篆與籒文相承，無從有古文。《僞經考》三上。又曰：《志》稱："《史籒篇》者，周時史官教學童書也，與孔氏壁中古文異體。"則非歆之僞體，爲周時真字，斷斷也。子思作《中庸》，猶曰"今天下書同文"，則是自春秋至戰國，絶無異體異製。凡史載筆，士載言，藏天子之府，載諸侯之策，皆籒書，其體則今之石鼓及《説文》所存籒文是也。子思云然，則孔子之書六經，藏之於孔子之堂，分寫於齊魯之儒，皆是。秦之爲篆，不過體勢加長，筆畫略減，如南北朝書體之少異。蓋時地少移，因籒文之轉變，而李斯因其國俗之舊，頒行天下耳。觀石鼓文字與秦篆不同者無幾，不止如王筠所謂"其""盤""災""敢""棄"，知經文上承籒法也。《僞經考》三下。又曰：《蒼頡篇》父子相傳，籀、篆相承，未有變異。又：小篆與史籀相同，但頗省改，而《蒼頡》《爰歷》《博學》俱小篆，猶可考，則籀及漢儒文字無異也。《僞經考》九。

篆承籀矣，籀豈無所承邪？《志》言："《史籀》十五篇，周宣王太史作。"又曰："《史籀篇》者，周時史官教學童書也。"周自武王至宣王，已二百九十五年。宣王前必教學童，當然有書。周之前，虞庠、夏校、殷序以教學，亦不能無書。《繫辭》曰："上古結繩而治，後世聖人易之以書契。"則自包犧至周宣，已證明有書矣。《吕子》曰：《君守》篇。"蒼頡作書。"若蒼頡之書與籀文全同，則史籀無庸作，文亦不得名籀矣。蓋蒼頡書者，古文也。康承認篆前有籀文，焉能否認籀前有古文？籀承古，猶之篆承籀也。康承認籀文爲周時真字，莫由否認古文爲真字。籀文既真，籀文所因襲之古文不能不真，猶之篆文既真，篆所因襲之籀文不能不真也。明乎此，則康謂"篆、籀相承，無從有古文"，實巨謬也。至據《中庸》"書同文"，謂"自春秋至戰國，絶無異體"，亦於史實不合。《史記·始皇紀》云："車同軌，書同文字。"下又載《琅邪臺刻石》曰："普天之下，摶心揖志，器械一量，同書文字。”明言同文字，則當時文字之不同可知。如果六國書同文，則秦同文字爲多事矣。若謂《史記》秦同文字爲僞竄，則有琅邪臺石刻爲據，豈亦歆所僞邪？攷秦同書文字，在始皇二十六年。是年王賁襲齊，王建降，天下混一。可見天下不混一，文字固不能同。子思作《中庸》，值戰國割據之時，周天子守府，文誰與同？檢《史記·周本紀》，宣王敗績於姜氏之戎，後爲杜伯射死；宣王之子幽王，爲犬戎所殺；宣王之孫平王，東遷於雒。周室衰微，政由方伯。是則籀文初作時，周天子已無普及文字之力，以視秦滅六國而同文字，其效力固判若天淵也。陵夷至定、哀之際，周史官教學童書，自不必行於列國。孔子書六經，勢不能不用古文，一則古文歷時久，推行廣於籀文；二則五經之文，其中有作于史籀以前者，原用古文書册，行之民間已久，不便遽易也。下及秦時，秦既同書文字，當然如《説文叙》所云，“罷其不與秦文合者”。六經原來之文字，不與秦文相合，當然在罷黜之列。其時大師授經，勢必改書秦文。秦文經書外，有古文經，猶今之有唐卷子、宋元本也。事實所演，必然如斯，何得謂“篆、籀相承，無從有古文”也？至云“小篆與史籀相同”“籀及漢儒文字無異”，其説亦謬。宋本《説文》及宋拓石鼓文猶在，今以其字校讎小篆，《説文》之籀文全與小篆異者有二百十一字，篆文从艸、籀文从茻者有五十三字，詳見予箸《説文古籀表》。石鼓文與小篆異者二百五十五字中有一百十五字。以甲秀堂宋本石鼓文核之，除其重見者，得二百五十五字。其與秦篆異者，得一百十五字。可見石鼓文字與秦篆不同，實居五分之二。籀、篆本不全同，而康氏强説未有變異，殆孟子所謂妄人也已矣。

二事：秦燒書，項羽燒咸陽，書實在散亡。康氏八證證六藝不缺。皆誤。

康有爲曰：焚書之令，但燒民間之書。若博士所職，則《詩》《書》、百家語自在。又曰：統而計之：其一，博士所藏六經之本具存，七十博士之弟子當有數百，則有數百本《詩》《書》矣。此爲六經監本不缺者一。其二，丞相所藏、李斯所遺，此爲六經官本不缺者二。其三，御史所掌，張蒼所守，此爲六經中祕本不缺者三。其四，孔氏世傳六經本不缺者四。其五，齊魯諸生六經讀本不缺者五。其六，賈祛、吴公傳六經讀本不缺者六。其七，藏書之禁僅四年，不焚之刑僅城旦，則天下藏本必甚多，若伏生、申公之倫。天下六經讀本不缺者七。其八，經文簡約，古者專經在諷誦，不徒在竹帛，則口傳本不缺者八。有斯八證，六藝不缺。《僞經考》（九）〔一〕①。

秦始皇二十六年，書同文字。書全用秦文，則古文本之經當然不用，然尚未有令廢滅古文本也。三十四年燒書，秦文本之經亡，古文本之經亦亡。康舉八證，證六經未缺，其説全誤。尋《始皇本紀》載燒書令，曰"非博士官所職，天下敢有藏《詩》《書》、百家語者，悉詣守尉雜燒之。所不去者，醫藥、卜筮、種樹之書"等語。定一謂：《史記》如言"非博士，敢有藏《詩》《書》、百家語者"，則七十博士皆有書矣。令明言"博士官所職"，則博士官離職，即不得私人藏書。博士官所職，必有其供職之處。供職之處，當然爲其藏書處也。博士供職處在京師，藏書處亦在京師。此無疑者，所以《史記·儒林傳》云："伏生者，濟南人也，故爲秦博士。"下文又云："秦時焚書，伏生壁藏之。"伏生既爲博士，何以要壁藏書?

---

①據《新學僞經考》改。

以博士官所職，可以有書，博士離職不能有書也，有則犯法，故非壁藏不可。攷《始皇紀》又云："博士雖七十人，特備員弗用。"儻博士有弟子數百受業，則不得云"弗用"。且燒書令又云："敢有偶語《詩》《書》棄市。"儻弟子從博士受業，則偶語《詩》《書》棄市矣，焉能有數百本《詩》《書》？此康氏一證誤。燒書令有曰："史官非《秦紀》皆燒之。"此證明史官唯《秦紀》不燒，《秦紀》以外之書皆燒，並證明史官以外，如丞相、御史及其他官吏，有書亦皆燒。何者？令明言"史官"，則非史官，不在此內也。如此，則丞相斯、御史蒼不得有官本，孔氏、齊魯諸生、賈祛、吴公、伏生、申公之倫，不得有讀本，有則不燒即城旦、棄市，或同罪矣。故康氏二、三、四、五、六、七證，皆誤。不但此也，燒書令既明言"偶語《詩》《書》棄市"，天下焉有口傳《詩》《書》以自取棄市者？口傳本自不能有也，則康氏八證亦誤。至博士官所職之書，則《項羽紀》云："項羽引兵西屠咸陽，燒秦宫室，火三月不絶。"咸陽秦之京師，博士官職在此，藏書亦在此。書爲易燒之物，火燒三月，焉有幸存之事？若《蕭何傳》言"何獨先入收秦丞相、御史律令圖書藏之"，以《説文》

"籍，簿書也"證之，此圖書非《詩》《書》、百家語也，乃《荀子·榮辱篇》所謂"圖籍"。楊倞注："圖，謂模寫土地之形；籍，謂書其户口之數也。"即此"圖書"也。何以知之？一以丞相、御史非博士官所職，自不能違制而藏《詩》《書》、百家語；二以《何傳》下文云"漢王所以具知天下阸塞、户口多少、彊弱之處、民所疾苦者，以何具得秦圖書也"，恰與楊倞"圖籍"之訓相合。至《孔子世家》云："後世因廟藏孔子衣冠、琴、車、書，至於漢二百年不絶。"夫孔廟非博士官所職，藏書當然詣守尉雜燒。其云不絶者，賴壁藏耳，否則絶矣，以此知《漢書·楚元王傳》壞壁得書不誣也。吾故曰：秦之書非博士官所職者，已燒之矣。燒者誰？始皇也。秦之書爲博士官所職者，亦燒之矣。燒者誰？項羽也。假令幸免於三月之火，然僅僅博士官所職之書，非孤本亦爲數甚微也。楚漢紛争，擾攘五年，勢必如《儒林傳》所説"書散亡益多"。況燒書令明言"所不去者，醫藥、卜筮、種樹之書"，則非醫藥、卜筮、種樹之書皆去之矣。明乎此，則古文經之出，有由來矣。《韓詩外傳》五曰："秦之時，非禮義，棄《詩》《書》，略古昔，大滅聖道。"韓爲今文鉅子，遠在歆前，既明仞秦時棄《詩》《書》，則康言“歆不謂諸經殘缺，無以爲作僞竄入之地”者，實大謬也。

三事：《史記》宣布之後有多本，不能由劉歆一人徧竄，馬遷説古文者可信。

康有爲曰：今將劉歆竄亂之文，條列於下：“古文”八條，《詩》《書》六條，《禮》二條，《易》三條，《春秋》九條。文見《僞經考》二“《史記》經説足證”篇。

此不必逐條駁辯，祇問《史記》能否由劉歆竄改，如不能竄改，則二十八條皆不僞，可不辯自明。攷《史記·太史公自序》云：“藏之名山，副在京師。”是《史記》在成書時即有兩本，正本在名山，副本在京師。在京師者，歆能竄改；在名山者，歆豈能竄改邪？《漢書·司馬遷傳》曰：“遷既死後，其書稍出。宣帝時，遷外孫平通侯楊惲，祖述其書，遂宣布焉。”明云書稍出，明云其書宣布，是《史記》在宣帝時，已公開研究。其書已明明不止一本，讀其書者已明明不止一人一家，假令歆能改京師副本，而名山正本如惲所宣布傳誦者，歆何能以一手掩盡天下耳目，徧改民間所有之《史記》？康君又何能以一手掩盡天下耳目，謂《史記》止京師一本，全爲劉歆所改？考范升爲攻擊古學領袖，《後漢書·升傳》云“時難者以太史公多引《左氏》”，又云“上太史公違戾五經事”，是難者與范升均有《史記》，其所據之《史記》均與今本同。此足爲劉歆未竄改《史記》之確證。如《史記》要經劉歆竄改始有古文經傳事，則范升與歆同時，難升者何以知太史公多引《左傳》，范升又何以攻太史公違戾五經？升不攻歆竄改而攻太史公違戾，可見《史記》之元文本如此矣。《史記》元本既如此，則康所列二十八條說“古文”，當然可信。然則《史記》全無後人增補竄入者乎？曰：有之。《史通·正史》篇曰：“十篇未成，有録而已。元、成之間，褚先生更補其缺，作《武帝紀》《三王世家》《龜策》《日者》等傳。”趙翼《二十二史劄記》言：“《史記》十篇之説，尚有褚少孫增入者。”又云：“有襲史遷原文而增改者，少孫所增入也。”又：“《史記》亦有後人竄入處。《司馬相如傳》贊並非少孫所補，而後人竄入者。”定一謂：《史記》亡佚而少孫補之，《史記》世家、列傳以外，別有傳聞，少孫增之，皆記實，非作僞也。《相如傳》贊之引揚雄言，當然爲後人追竄。雲松疑是班固引雄言作贊，而後人反移作《史記》傳贊，此爲確論，決非有人作僞以售其姦。洪良品《答梁啟超論學書》曰："古書誤竄一二條，或偶不及檢，亦恒有之，要不能多也。"洪又曰："何以貴師必專據此書，但於其中有合己意者，則曰鐵案不可動摇，有不合己意者，則以爲劉歆所竄入。不知貴師斷爲劉歆竄入者，實有何據？"定觀洪君此語，已足發康之覆矣，康其何詞以自解乎？

四事：《漢書》證明是班氏父子作者居多，班氏所説古文，不能謂之歆僞。

康有爲曰：今案，葛洪《西京雜記》謂《漢書》本劉歆作，班固所不取不過二萬許言。劉知幾《史通·正史》篇亦謂劉歆續《太史公書》，即作《漢書》也。又曰：乃知《漢書》實出於歆，故皆爲古學之僞説，聽其顛倒杜譔，無之不可。《僞經考》四。

《西京雜記》爲僞書，姚際恒《古今僞書考》辨之已詳。康引僞書以攻人之僞，謬妄實甚。考《史》《漢》方駕，《漢書》因襲《史記》者九十餘篇。《後漢書·班彪傳》：彪"作《後傳》數十篇"。《史通·正史》篇云：司徒掾班彪，“作《後傳》六十五篇”。《後傳》即《漢書》。以彪所作，合之《史記》舊文，得一百五十篇，幾及《漢書》之半，即彪作何止二萬許言。又《正史》篇謂：“劉向、向子歆及諸好事者，若馮商、衛衡、揚雄、史岑、梁審、肆仁、晉馮、段肅、金丹、馮衍、韋融、蕭奮、劉恂等，相次譔續《史記》。”計有十五人之多，何得謂《漢書》爲歆一人所作？兹按：向、歆之《五行傳》，采入《五行志》；歆《七略》，采入《藝文志》。《志》云：“臣復續揚雄作十二章，凡一百二章，無復字。”臣爲誰？班固也。則《藝文志》亦非全屬歆作。又《正史》篇謂：彪以向、歆等“其言鄙俗，不足以踵前史。又雄、歆褒美僞新，誤後惑衆，不當垂之後代”。彪意如此，假令歆有《漢書》全文，彪父子何能全用《漢書》？既非全屬歆作，則《儒林》《河間獻王》《恭王傳》説古文經，以漢人紀漢事，自詳實可信矣。姚際恒《古今僞書考》曰：“《西京雜記》，《隋志》載之，不著譔人名。陳直齋曰：‘稱葛洪譔，其卷末言：洪家有劉子駿書百卷，先父傳之。歆欲譔《漢書》，雜録漢事，未及而亡。試以此書考校班固所（付）〔作〕①，殆是全（書）②取劉書，有少異同耳，固所遺不過二萬餘言。今抄爲二卷，以裨《漢書》之闕。案：洪博聞深學，江左絶倫，著書幾五百卷，本傳具載其目，不聞有此書，而向、歆父子亦不聞其嘗作史傳于世，使班固有所因述，亦不應全没不著也。殆有可疑者，豈惟非向、歆所傳，亦未必洪之作也。’恒案：直齋謂未必洪之作者，亦有所本。黄長睿《東觀餘論》曰：《西京雜記》中，‘余就上林令虞淵得朝臣所上草木名’。案《晉史》，葛未嘗至長安，而晉官但有華林令，而無上林，其非稚川決也。晁子止曰：人或以爲吴均依託爲之。恒案：謂吴均者，《酉陽雜俎》：庾信或作詩，欲用《西京〔雜〕③記》事，旋自追改，曰：此吴均語，恐不足用也。”

五事：《漢書・地理志》，有鐵證非歆所作。其引述《周官》《左傳》《古尚書》，不能不爲憑。

康有爲曰：注《書》既以古書爲宗，注《禹貢》悉參以

①據姚際恒《古今僞書考》改。
②據姚際恒《古今僞書考》删。
③據姚際恒《古今僞書考》補。

班氏《地理志》，則又用今學。於是得鄭《古文尚書注》，而今古學俱備。《僞經考》八。

康既承認《地理志》爲今學，則《地理志》所述古文以爲某地者，出自今文學者之口，當然可憑。攷《志》中“古文”字凡十一見，“禹貢”字三十八見。其云“《禹貢》”者，今古文《尚書》同也。其云“古文”者，古文《尚書》也。康氏於《史記》之“古文”字，均詆爲歆所竄改。其於《地理志》之“古文”字，則一字不提及，非不知也，以《地理志》載莽曰某地者觸處皆是。其徵引《魯詩》《志》引《詩》“方灌灌兮”。《齊詩》《志》引《詩》“子之營兮”。《韓詩》，《志》引《詩》“周道郁夷”。事實俱在，無法詆爲歆作，無法不承認其爲今文學也。又《地理志》叙曰“故《周官》有《職方氏》”下，復引《職方》全文，並及《保章氏》。是今文學之《地理志》，不但證明有古文《尚書》，且證明有《周官》矣，與《禮樂志》言“器用張陳，《周官》具焉”者，師古曰：“謂大司樂以下諸官所掌。”同爲顯明之佐驗。又《志》“昌邑”下云“《春秋傳》云：宋、齊會于梁丘”，又《志》末引《左傳》吴季札觀樂語，不一而足。是《地理志》不但證明有

《尚書》《周官》，且證明有《左傳》矣，康其何説以處此？康于此《志》不能説歆作，又不能説古文《周官》《左氏》非古學，衹有隱匿而不提。無奈天下讀書人自能見之，自能援之，以徵實古文之不僞也。《地理志》“古文”十一事如下。右扶風汧，注：“吴山在西，古文以爲汧山。”雍州山武功，注：“大壹山，古文以爲終南；垂山，古文以爲敦物。”潁川郡崈高，注：“古文以崈高爲外方山也。”江夏郡竟陵，注：“章山在東北，古文以爲内方山。”安陸，注：“横尾山在東北，古文以爲倍尾山。”東海郡下邳，注：“葛嶧山在西，古文以爲嶧陽。”會稽郡吴，注：“具區澤在西，揚州藪，古文以爲震澤。”豫章郡歷陵，注：“傅昜山、傅昜川在南，古文以爲傅淺原。”武威郡武威，注：“休屠澤在東北，古文以爲豬壄澤。”張掖郡居延，注：“居延澤在東北，古文以爲流沙。”

六事：《劉歆傳》移博士書，豈能當衆造謡，足以證明古文經不僞。

康有爲曰：此爲《歆傳》，大率本歆之自言也。《左氏春秋》至歆校祕書時乃見，則向來人間不見可知。《僞經考》六。

康說大謬。攷《歆傳》云："及歆校祕書，見古文《春秋左氏傳》，歆大好之。"此言歆校祕書見《左傳》，非謂《左傳》至歆校祕書時乃見也。《傳》下文云："歆略從咸及丞相翟方進受，質問大義。"則尹咸、翟方進爲歆之《左氏》師，必先見《左氏》無疑。下文又云："初，《左氏傳》多古字古言，學者傳訓故而已。"則《左氏傳》在初已有學者見之，否則不能知其多古字古言，且無由傳訓故也。至云此《歆傳》大率本歆自言，定以爲《歆傳》即屬自言，其移書讓太常博士，乃公布於博士者，非可讕言也。今總括移書關于古學者，約有九事：（一）"秦燔書，設挾書之法。"（二）"天下唯有《易》卜，未有它書。"（三）"至孝惠之世，乃除挾書之律。"（四）"至孝文皇帝，始使掌故朝錯從伏生受《尚書》。《尚書》初出于屋壁，朽折散絶，今其書見在，時師傳讀而已。"（五）"《泰誓》後得，博士集而讀之。"孝武皇帝時。（六）"故詔書稱曰：'禮壞樂崩，書缺簡脱，朕甚閔焉。'時漢興已七八十年，離於全經，固已遠矣。及魯恭王壞孔子宅，欲㠯爲宫，而得古文於壞壁之中，逸《禮》有三十九，《書》十六篇，及《春秋左氏》，丘明所修，皆古文舊書。"（七）"校理舊文，得此三事，曰考學官所傳，經或脱簡，傳或閒編。”孝成皇帝。（八）“猶欲保殘守缺，抑此三學，曰《尚書》爲備，謂《左氏》爲不傳《春秋》。”（九）“今上所考視，其古文舊書，皆有徵驗，外内相應。”此九事者，皆博士本身之事。博士爲博學多通之人，太常爲大庭廣衆之地，歆即膽大妄爲，決不能向太常博士任意虚構，將無説有。假使捏造事實，而博士怨恨，三公大怒，豈有不指摘其作僞者？今觀《歆傳》，勝疏止於“深自罪責”，丹奏止云“歆改亂舊章，非毁先帝所立”，《莽傳》公孫禄所議止曰“顛倒五經，毁師法”，無一字攻擊三事之僞，則三事之不僞可知，天下未有欲殺其人而不揭發其僞者也。洪良品曰：“哀帝云：‘歆欲廣道術，何以爲非毁哉。’此當時人君臨朝核實斷語，哀帝非親驗其書非僞，不能爲此言也。”見洪《答梁啟超論學書》。況歆引詔書，稱“書缺簡脱”，歆若私改詔書，則是大逆不道，歆即發狂，博士安能從逆而不舉發？此可斷其必無也。王充《論衡·佚文》篇曰：“魯恭王壞孔子宅以爲宫，得佚《尚書》百篇，《禮》三百，《春秋》三十篇，《論語》二十一篇。”《案書》篇曰：“孝武皇帝時，魯恭王壞孔子教授堂以爲宫，得佚《春秋》三十篇，《左氏傳》也。”説與歆移書相應。充爲班彪弟子，其説當本之彪，當爲西漢大師所傳授。荀悦《漢紀》曰：“魯恭王壞孔子宅，得古文《尚書》多十六篇。武帝時，孔安國家獻之，會巫蠱事，未立於學官。”悦在充後，言亦符合。若謂充、悦諸儒均爲歆所欺紿，則《論衡·藝增》《儒增》諸篇，辨析古書，精核之極，苟無其事，何至獨受歆紿乎？

卷二

七事：《漢書·藝文志》載古文《尚書》出孔壁，與《史記·儒林傳》相應，康説十僞，實十誤。

康有爲曰：秦雖焚書，而六經不缺。孔氏遺書，藏於廟中，世世不絶，諸儒以時習之。篆與籀文相承，無從有古文。孔襄爲孝惠博士，孔忠、孔武並爲博士，亦無從突出於共王之手。其僞一。按《史記·魯共王世家》，無壞孔子壁得古文經事。史遷講業齊魯之都，加性好奇，若有之，必詳述之。其僞二。共王以景帝前二年即位，二十八年薨，爲武帝元朔元年，乃武帝初年，《志》云武帝末。其僞三。自元朔元年，至征和二年巫蠱事起，凡三十六年。武帝崇奬經學，搜訪遺書，安國何爲遲數十年，致遭巫蠱之時？且安國蚤卒，何得至征和時遇巫蠱？閻若璩《古文尚書疏證》據荀悦《漢紀》“安國家獻之”，然既獻之，何以武帝久不立，歐陽氏不一言之？或據《外戚·陳皇后傳》“元光五年，女子楚服等坐爲皇后巫蠱祠祭祝詛，大逆無道，相連及誅者三百餘人”，其時安國正爲博士，然此後都尉朝等仍可請，何不見也？其僞四。河間獻王亦得古文《書》，天下遺文古事，靡不畢集太史公，何以史遷不見？又此本何傳，與共王出孰先後，本孰同異，增多幾何，何以《志》不叙及？豈有亡失之餘，遺書間出，而篇簡、文字不謀而合之理？其爲僞造，即此已明。其僞五。孔安國以今文字讀古文，縱有壁中書，安國亦僅識二十九篇耳，若何而知爲多十餘篇？其僞六。兒寬受業於安國，歐陽、大小夏侯學皆出於寬，則皆安國之傳也，司馬遷亦從安國問故，則使確有古文，確多十六篇，歐陽、大小夏侯皆傳之，則今古文實無異本矣。《儒林傳》云：“遷書載《堯典》《禹貢》《洪範》《微子》《金縢》諸篇，多古文説。”凡此皆今文篇，無一增多篇者，所異者乃安國古文説耳。然古文所異在字，安國仍讀以今文，更無説也。即安國確有其説，亦與兒寬同傳。且今考史遷載《堯典》諸篇，説實皆今文，以爲古文者妄。其僞七。安國爲得古文之人，爲歐陽、大小夏侯之本師，經應全同，何以有脱簡三、脱字數十、文字異者七百有餘？其僞八。歐陽、大小夏侯既傳安國學，則亦傳古文學，何以無此十六篇，而都尉朝、膠東庸生獨有之？其僞九。安國傳《書》至龔勝者八傳，至孔光者五傳，至趙玄者七傳。詳《漢書儒林傳辨僞》。以今學經八傳而至勝，古學經三傳而至胡常，即當哀、平世矣，何相去之遠乎？其僞十。《僞經考》三上。

康舉十僞，似是而非，逐一闢之，實成十誤。秦焚書而六經缺。孔廟藏書，亦詣守尉雜燒，已如前述。古、籀、篆相承，而體殊異。世既用秦篆，自然有古文。恭王壞宅，壁中得書，自然歸恭王。其誤一。《魯共王世家》雖無壞壁得古文經事，《儒林傳》言孔氏有古文《尚書》，與此相應。《傳》又言"秦時焚書，伏生壁藏之"，則壁中古文事不止一處。其誤二。閻若璩《古文尚書疏證》曰："《論衡》云孝景時魯恭王壞孔子宅，較《漢志》'武帝末'三字則確甚，何也？魯恭王以孝景前三年丁亥徙王魯，徙二十七年薨，則薨當於武帝元朔元年癸丑，武帝十三年，安得云'武帝末'乎？且恭王初好治宮室，季年好音，則其壞孔子宅㠯廣其宮，正初王魯之事，當作'孝景時'三字爲是。"定一謂：此自史文之譌，非關古文《書》之僞。其誤三。安國蚤卒，自不得至征和時遇巫蠱。荀悅《漢紀》作"安國家獻之"，《漢紀》係奉詔刪固書而成，見《史通·正史》篇。則《漢志》“安國”下、“獻”之上，奪一“家”字。簡册脱文，典籍恒有。武帝不立學，歐陽不言，乃今文家法不同也。都尉朝等不請，章氏曰：“西漢博士是侍從之官，非專司教育者也。其不請也，亦固其所。”定一謂：前乎朝者，河間王尚不能言諸天子，將《毛詩》《周官》《左氏》立學；後乎朝者，劉歆等請古文《尚書》《周官》《左氏》立學矣，均不得立，而謂朝能之乎？不得以此疑其僞也。其誤四。河間獻王得古文《書》，史遷當然見之。章氏曰：“《史記》有《湯征序》，而佚十六篇無之，當是得之獻王本，否則史公無從知有《湯征》，何由引述《湯征》之《序》？”獻王本多一《湯征》，已經證明，其本何傳，與共王本出孰先後，則史文從略，非僞也。其誤五。同是古文《書》，安國既識二十九篇，其多十六篇之字，當然可識，何爲不知？其誤六。《歐陽生傳》云：“歐陽生事伏生，授兒寬，寬又受業孔安國。”又云：“歐陽、大小夏侯氏學，皆出于寬。寬授歐陽生子，世世相傳。”是歐陽、大小夏侯之傳皆出于寬，而寬不皆安國之傳。以寬先事歐陽生，後乃受業安國也。據《申公傳》云：“弟子爲博士十餘人。孔安國至臨淮太守。”則安國之今文《書》，乃受之申公。安國之今文《書》本，當然爲申公之本，而非伏生授歐陽生以傳兒寬之本也。由斯而談，今文《書》有二本，合恭王、獻王古文《書》，爲四本矣，何得云無異本？今古文所異者在字，誠如康言。安國以今文讀古文，字不同，非説不明，何云無説？安國兼通今古文，傳都尉朝者不必與授兒寬者相同。寬先事歐陽生，學今文，安國當然以今文《書》授之，自不授以古文也。《漢書·儒林傳》云：“遷書載《堯典》《禹貢》《洪範》《微子》《金縢》諸篇，多古文説。”章氏攷之《史記》，得二十五事，作《太史公古文尚書説》。見《章氏叢書續編》，文長不載。其所舉雖有出班列諸篇之外者，然其爲《史記》古文説，則較然無疑。康謂是今文，失攷實甚。其誤七。安國兼通今古文，已如上述。歐陽、大小夏侯受今文學，其經自亦今文，非古文，何得全同？《志》云：脱簡三，脱字數十，異字七百有餘。此古文之不同今文者也，非僞也。其誤八。歐陽、大小夏侯傳今文學，所以無十六篇，都尉朝、膠東庸生傳古文學，當然有之。其誤九。安國今學經八傳而至勝，古學經六傳而至桑欽，均當哀、平之世，其相去并不遠也。其誤十。

八事：證明逸《書》十六篇不僞。

康有爲曰：十六篇皆歆所偷竊僞造。《僞經考》三上。

佚十六篇《尚書正義》載其目云：《舜典》一，《汩作》二，《九共》九篇十一，《大禹謨》十二，《棄稷》十三，《五子之歌》十四，《胤征》十五，《湯誥》十六，《咸有一德》十七，《典寶》十八，《伊訓》十九，《肆命》二十，《原命》二十一，《武成》二十二，《旅獒》二十三，《冏命》二十四。《九共》九篇共卷，故十六篇。之不僞，可攷經典以證明之。《孟子·萬章》篇"帝使其子九男二女"，趙岐注："《堯典》曰'釐降二女'，不見九男。孟子時，《尚書》凡百二十篇，逸《書》有《舜典》之《叙》，亡失其文。孟子諸所言舜事，皆《堯典》段玉裁《古文尚書譔異》云此"堯"字乃"舜"字之誤。及逸《書》所載。"康有爲曰："意者歆竊《孟子》而爲之。"定一按：康謂歆竊《孟子》爲《舜典》，毫無證據。康曰意者，意者之詞疑詞也，豈足以定竊案乎？王西莊曰："後漢周磐學古文《尚書》，臨終寫《堯典》一篇，置棺前。若如今本，磐安得專寫《堯典》乎？"見《尚書後案》卷三十。定一謂：磐專寫《堯典》，已證明今書《舜典》漢時在《堯典》之内，更證明古文《尚書·舜典》不在《堯典》之内也，否則無庸别寫《堯典》矣。周磐之事與趙説合，證一。《尚書大傳》有《九共傳》，引《書》曰："予辯下土，使民平平，使民無敖。"定一按：《大傳》爲伏生作。伏生今文鼻祖也，彼已引《九共》，當然確有其書。伏生教於齊魯間之二十九篇，不數《九共》，則《九共》爲逸《書》無疑。既逸矣，伏生何能引之？彼在未焚書前見之也。康君謂《九共》諸篇爲孔子不修之書，其説無據。今考《尚書大傳》内有《九共》《帝告》《説命》《武成》《太誓》《大戰》《嘉禾》《揜誥》《多政》《罪命》十篇之目，《説命》《武成》《太誓》《罪命》豈亦未修之書邪？《説命》《武成》《太誓》《罪命》在百篇之内，焉知《九共》不在百篇之内？遁辭知其所窮，無徵不足信也。證二。《墨子·非樂》篇引《武觀》曰："啟乃淫溢康樂，野於飲食，將將銘，莧磬以力。湛濁於酒，渝食於野。《萬舞》翼翼，章聞於天，天用弗式。"孫星衍曰："案武觀即五子。"是此文爲《五子之歌》。證三。《書·堯典》正義云："鄭注《禹貢》，引《胤征》'篚厥玄黄，昭我周王'。"定一按：此鄭注

《書》時，尚有《胤征》。證四。《史記·殷本紀》：“湯既絀夏命，還亳，作《湯誥》：‘維三月，王自至於東郊，告諸侯羣后：毋不有功於民，勤力迺事。予乃大罰殛女，毋予怨。曰：古禹、皋陶久勞於外，其有功乎民，民乃有安。東爲江，北爲濟，西爲河，南爲淮，四瀆已修，萬民乃有居。后稷降播，農殖百穀。三公咸有功于民，故后有立。昔蚩尤與其大夫作亂百姓，帝乃弗予，有狀。先王言不可不勉。曰：不道，毋之在國，女毋我怨。’”定一按：史公引《湯誥》文，并有《序》，《序》與僞孔同，而文不同，其爲逸《書》無疑。乃康氏謂《湯誥》竊《殷本紀》。不知《殷本紀》明言湯作《湯誥》，則《湯誥》確有其書。史公引其文，當然先見《湯誥》，後作《殷本紀》，何得謂《湯誥》竊《殷本紀》邪？證五。《禮記·緇衣》引“《尹吉》曰：惟尹躬及湯，咸有壹德”，鄭注：“吉，當爲告，古文告字之誤也。《尹告》，伊尹之告也。《書序》以爲《咸有壹德》，今亡。”又《緇衣》引“《尹吉》曰：尹躬天見于西邑夏，自周有終，相亦惟終”，鄭注：“《尹吉》，亦《尹告》也。”證六。《史記·殷本紀》：“伊尹作《咸有一德》。”定一按：鄭注《書》時，《咸有壹德》已亡，則非今僞孔之《咸有一德》也。證七。《孟子·萬章》篇：“《伊訓》曰：天誅造宫自牧宫，朕載自亳。”趙注：“《伊訓》，《尚書》逸篇名。”證八。《堯典》正義引鄭注《典寶》，引《伊訓》云“載孚在亳”“征自三朡”。證九。《史記·殷本紀》：“帝太甲元年，伊尹作《伊訓》。”定一按：趙岐注《孟子》時，《伊訓》爲逸篇，非僞孔之《伊訓》也。證十。《漢書·律曆志》引《伊訓》曰：“惟太甲元年，十有二月乙丑朔，伊尹祀于先王，誕資有牧方明。”定一按：康謂《漢書·律曆志》全用劉歆《三統曆》，則此所引當然歆僞。定一謂：《史記》明言伊尹作《伊訓》，則《伊訓》非歆僞也。證十一。《史記·殷本紀》：“湯遂伐三朡，俘厥寶玉，義伯仲伯作《典寶》。”定一按：《書·堯典》正義引鄭注《典寶》引《伊（尹）〔訓〕[①]》云云，見上。則鄭注《書》時，《典寶》未亡。證十二。《史記·殷本（記）〔紀〕[②]》：“帝太戊贊伊陟于廟，言弗臣，伊陟讓，作《原命》。”《集解》馬融

---

①據文義改。
②據《史記》改。

曰："原，臣名也。命原以禹、湯之道，我所修用也。"定一按：融解《原命》，既言命原以禹、湯之道，當然見其書，否則融無從知此也。餘杭章氏說。證十三。《孟子·盡心下》："盡信《書》，則不如無《書》。吾於《武城》，取二三策而已矣。仁人無敵於天下，以至仁伐至不仁，而何其血之流杵也？"趙岐注："《武城》，逸《書》之篇名。"定一按：此爲孟子時《書》有《武城》之確據。證十四。《漢書·律曆志》引《武成》篇曰："維一月壬辰，旁死霸。若翌日癸巳，武王迺朝步自周，于征伐紂。"定一按：康君謂歆竊取《逸周書·世俘解》，以爲《武成》。定一謂：此文與《逸周書》大同，安知非《武成》經孔子删定，而《世俘解》未經筆削，故有小異邪？如此則是孔子删古《書》爲《武成》，非歆竊取也。攷《武成》一篇，鄭君言建武之際亡。見《書正義》。康氏曰："意歆以出於《逸周書》太顯，又從而匿之邪？"定一謂：建武之際，歆早不在人間矣，何能匿書？斯謬說耳。證十五。《史記·儒林傳》曰："逸《書》得十餘篇，蓋《尚書》滋多於是矣。"定一按：此與歆言逸《書》十六篇相應。十餘篇雖未必即是十六，然十六固是十餘篇也。證十六。總核諸證，知十六篇中已有十一篇見於經典，足以徵其不僞矣。諸證之中，《孟子》引《伊訓》《武城》，《禮記·緇衣》引《尹吉》，《尚書大傳》引《九共》，此爲今文家所共見共聞之書，康不能誣爲歆竄、歆竊，亦莫由詆爲歆造、歆紿者。《殷本紀》言作《湯誥》、作《伊訓》、作《典寶》、作《原命》，史公兼習今古文，其説不能不爲憑也。夫然後逸《書》十六篇僞不僞之訟，可讞定爲不僞焉。

九事：馬融謂逸《書》十六篇絶無師説，其言不合，不能據以疑逸《書》之僞。

康據劉逢禄以馬融《書傳序》稱“逸十六篇，絶無師説”，謂逸《書》别有《舜典》《大禹謨》《棄稷》，必歆等之僞也。《僞經考》三上。

馬融之説，不合事實。攷逸《書》十六篇，在西漢確有師説。今舉其證如下。《尚書大傳》有《九共》篇，引《書》曰：“予辯下土，使民平平，使民無敖。”此伏生説《九共》也。證一。《尚書大傳》：“《武成》篇曰：武王曠乎若天下之已定，遂入殷，封比干之墓，表商容之間，發鉅橋之粟，散鹿臺之財，歸傾宫之女，而民知方。曰：王之于仁人也，死者封其墓，況于生者乎？王之于賢人也，亡者表其閭，況于在者乎？王之于財也，聚之散之，況于復藉乎？王之于色也，在者歸其父母，況于復徵乎？”此伏生説《武城》也。證二。《韓詩外傳》三曰：“下車而封夏后氏之後於杞，封殷之後於宋，封比干之墓，釋箕子之囚，表商容之閭。濟河而西，馬放華山之陽，示不復乘；牛放桃林之野，示不復服也；車甲衅而藏之於府庫，示不復用也。”云云。此韓嬰説《武成》也。證三。《韓詩外傳》七曰：“太公知之，故舉微子之後，而封比干之墓。夫聖人之於聖者之後，尚如是厚也，而況當世之存者乎？”亦韓嬰説《武成》也。證四。《淮南·泰族訓》曰：“方不過百里，而誓紂牧之野，入據殷國，朝成湯之廟，表商容之閭，封比干之墓，解箕子之囚。乃折枹毀鼓，偃五兵，縱牛馬，搢笏而朝天下。百姓謌謳而樂之，諸侯執禽而朝之，得民心也。”此《淮南》説《武成》也。證五。《史記·周本紀》：“已而命召公釋箕子之囚，命畢公釋百姓之囚，表商容之閭。命南宫括散鹿臺之財，發鉅橋之粟，以振貧弱萌隸。命閎夭封比干之墓。”又曰：“乃罷兵西歸，行狩，記政事，作《武成》。”此太史公說《武成》也。證六。《史記・留侯世家》載：“張良對漢王曰：‘武王入殷，表商容之閭，釋箕子之拘，封比干之墓。今陛下能封聖人之墓，表賢者之閭，式智者之門乎？’曰：‘未能也。’‘其不可三也。發鉅橋之粟，散鹿臺之錢，以賜貧窮。今陛下能散府庫以賜貧窮乎？’曰：‘未能也。’‘其不可四矣。殷事已畢，偃革爲軒，倒置干戈，覆以虎皮，以示天下不復用兵。今陛下能偃武行文，不復用兵乎？’曰：‘不能也。’‘其不可五矣。休馬華山之陽，示以無所爲。今陛下能休馬無所用乎？’曰：‘未能也。’‘其不可六矣。放牛桃林之陰，以示不復輸積。今陛下能放牛不復輸積乎？’曰：‘未能也。’‘其不可七也。’”《新序・善謀》篇載張良之言，同《史記》。此張良說《武城》以對漢王也。證七。《史記・樂書》曰：“且夫女獨未聞牧野之語乎？武王克殷反商，未及下車，而封黃帝之後於薊，封帝堯之後於祝，封帝舜之後於陳；下車而封夏后氏之後於杞，封殷之後於宋，封王子比干之墓，釋箕子之囚，使之行商容而復其位。庶民弛政，庶士倍祿。濟河而西，馬散華山之陽而弗復乘，牛散桃林之野而不復服，車甲弢而藏之府庫而弗復用，倒載干戈，苞之以虎皮；將率之士，使爲諸侯，名之曰建櫜，然後天下知武王之不復用兵也。”此小戴説《武成》而見述於史公者也。證八。《史記·殷本紀》“湯既絀夏命，還亳，作《湯誥》”，引其文至廿三語之多。史公問故于安國，此《湯誥》文當從問故得來。下言伊尹作《伊訓》，伊陟作《原命》，亦當問故所及，能無説乎？證九。《説苑·指武》篇曰：“於是發巨橋之粟，散鹿臺之財，金錢以與士民。黜其戰車而不乘，弛其甲兵而弗用，縱馬華山，放牛桃林，示不復用。天下聞者，咸謂武王行義於天下，豈不大哉？”此劉向説《武城》也。證十。《漢書·楚元王傳》：劉歆移書太常博士，稱逸《書》十六篇。若無師説，歆何以請立學？平帝時又何以立學？立學豈無師説邪？證十一。《漢書·儒林傳》言：逸《書》得十餘篇，安國爲諫大夫，授都尉朝，都尉朝授膠東庸生，庸授清河胡常少子，常授號徐敖，敖授王璜、塗惲子真，子真授河南桑欽君長。若無師説，何所謂授？證十二。此外尚有一證，即《漢書·律曆志》，述歆《三統曆》引《伊訓》篇，彰明較著，附之以説。若無師説，其説何自得之？定因此係劉歆所述，姑列入注中，作爲旁證。兹十二證，皆逸十六篇有師説之明徵。章氏曰："後漢杜伯山輩不説逸《書》，則其師説自亡。"定一攷《後漢書·杜林傳》，"林前於西州得漆書古文《尚書》一卷，常恐斯經將絶，何意東海衛子、濟南徐生復能傳之"，未言十六篇不傳。《衛宏傳》云："後從大司空杜林更受古文《尚書》，作訓旨。"《楊倫傳》云："林同郡賈逵爲之作訓。"未聞十六篇缺訓，則伯山不説，亦無明文。且《儒林傳》所謂古文《尚書》者，言以考二十九篇，得多十六篇也。古文《尚書》之不同今文《書》，即在逸《書》十六篇。若逸《書》不説，則林傳宏受，皆止于二十九篇之内，無所謂古文《尚書》矣，不幾名實相違乎？至云師説亡于後漢，亦非事實。檢上所舉西漢逸《書》，有師説之證中有十證，其書至今猶在，東漢時並未亡失，何得云絶無師説？且融云絶無師説，亦未言師説至東漢亡之。然則融云"逸十六篇絶無師説"者，非邪？此事蓋疑不能明矣，或融出語未審，致斯譌舛，或傳鈔有誤，生兹乖盭，未可知也。戴震曰："賈、馬、鄭雖雅好古文，其作訓、注，亦但解其今文所立於學官者。"見戴集《尚書今文古文考》。此説亦誤。夫馬、鄭之書雖亡佚，然《史記·殷本紀》集解引馬融解

《原命》，《書·堯典》正義引鄭注《典寶》引《伊訓》，則馬、鄭明明解逸《書》，不過逸《書》復亡者，如《咸有壹德》《武城》等篇自無解耳，與立學不立學無干也。可見衞作訓旨，賈氏作訓，必解逸《書》無疑。以此知馬氏《書傳序》，其言謂“逸十六篇絶無師説”。當有譌舛。世有以此疑古文《尚書》之僞者，妄也。

十事：杜林前於西州得漆書，書爲宏、巡所見，又爲衞、賈、馬、鄭所注，已證實確有其書。

康有爲曰：竦爲莽臣、歆友、林師，傳稱博學喜文采，僞學之傳，有所受矣。《僞經考》八。又曰：杜林爲張敞外孫，既夙有師承，易於託附。《僞經考》三。

《漢書·杜鄴傳》：“鄴壯從敞子吉學問，得其家書……吉子竦又幼孤，從鄴學問，亦著於世，尤長小學。”是竦家學淵源，雖爲歆友，而學不相干。《後漢書·杜林傳》：“林從竦受學，博洽多聞，時稱通儒。”是林之學淵源父之外家，亦與歆不相干。《傳》又曰：“林雖拘於囂，而終不屈節。”又曰：“羣僚知林以名德用，甚尊憚之。”林既以名節自立，假令竦受歆意，教林作僞，吾恐陳萬年臨終不能教子咸謌，而謂竦能教林以僞乎？易於託附，殊太武斷。《傳》曰："林前於西州得漆書古文《尚書》一卷，常寶愛之，雖遭艱困，握持不離身，出以示宏等曰：常恐斯經將絶，何意東海衞子、濟南徐生復能傳之。"又曰："宏、巡益重之，於是古文遂行。"既云"於西州得漆書古文《尚書》"，則非歆校之中秘書。既云"出以示宏等"，則非人不得見，可以私行作僞。既云"於是古文遂行"，則古文《尚書》之行不緣於歆。夫林之古文學，傳于外祖王父張敞，敞之書歸林之父，林之古文《書》又得自西州，可見古學不始于歆，古文《書》亦非歆所僞。《後書·衛宏傳》曰："後從大司空杜林，更受古文《尚書》，作訓旨。時濟南徐巡師事宏，後從林受學，亦以儒顯。由是古學大興。"又《楊倫傳》曰："扶風杜林傳古文《尚書》，林同郡賈逵爲之作訓，馬融作傳，鄭玄注解，由是古文《尚書》遂顯于世。"倘漆書不可信，果如魏默深《書古微序》所云，則宏何以從林受古文《書》？宏、逵、融、玄之作訓、傳、注解，又何所本？豈皆嚮壁虚造乎？吾有以知其不然矣。

十一事：《史記》述《書叙》，多古文説，證明古《尚書》有《叙》。

康有爲曰：《尚書》古文經四十六卷，經二十九卷。經者，即伏生二十八篇，并後得《泰誓》之本。古文經四十六卷，二十九卷外，并得多十六篇計之，尚缺一卷，必合《序》數之乃足。然則《序》與十六篇同出無疑。歐陽、大小夏侯皆不言《序》，後漢古文大行，注《尚書》者遂皆注《序》，則《序》出於歆之僞古文明矣。《僞經考》三上。

今文有無《書序》，爲别一事。至云《序》出於歆之僞古文，則予攷之《史記》，已得古文《書叙》之確證，請列舉之以相佐譣。《史記·殷本紀》："湯歸至於泰卷陶，中𤱴作誥。"攷"中"爲"仲"之古文，古鐘鼎文"仲"字皆作"中"。"𤱴"則"𤳹"之譌省，《説文》："𤳹，古文靁也。""中""𤱴"均古文。證一。《史記·周本紀》云："周公受禾東土，魯天子之命。"《集解》"徐廣曰：《尚書序》云'旅天子之命'。"定一攷《説文·㫃部》："㳌，古文旅。古文以爲魯、衞之魯。"此"魯"即古文"旅"也。證二。《周本紀》："召公爲保，周公爲師，東伐淮夷，殘奄，遷其君（蒲）〔薄〕[①]姑。成王自奄歸，在宗周，作《多方》。”定一按：古文説以大師、大傅、大保爲三公，今文説以司徒、司空、司馬爲三公。此言師、保，古文説也。證三。《周本紀》：“成王既伐東夷，息慎來賀，王賜榮伯，作《賄息慎之命》。”今《書序》“息”作“肅”。定一按：《大戴禮·五帝德》篇作“息慎”，《五帝德》史公謂爲古文者也。《少閒》篇作“肅慎”，則《戴禮》本今文也。證四。《周本紀》：“穆王閔文、武之道缺，乃命伯臩申誡太僕國之政，作《臩命》。”今《書序》“臩”作“冏”。定一按：《説文·夰部》：“臩，从夰、䀠。《周書》曰伯臩。”古文“䀠”，古文“冏”字。證五。《晉本紀》：“天子使王子虎命晉侯爲伯，賜大輅、彤弓矢百、玈〔弓矢千〕[②]、秬鬯一卣、珪瓚、虎賁三百人。晉侯三辭，然后稽首受之，周作《晉文侯命》。”定一按：《説文·土部》：“珪，古文圭从玉。”此《序》用“珪”字，古文也。證六。《魯世

①據《史記·周本紀》改。
②據《史記》補。

家》："作此《肸誓》。"《集解》："徐廣曰：肸，一作'鮮'，一作'獮'。駰案：《尚書》作'粊'。"《索隱》："《尚書》作'費'。《尚書大傳》作'鮮誓'。鮮誓，即'肸誓'。言於肸地行獮田之禮，以取鮮獸，故字或作'鮮'，或作'獮'。"章氏曰："今案《大傳》作'鮮'，則'肸'非今文明甚。"《索隱》説固傅會。段謂"肸""鮮"音近，然"屑"則與"鮮"雙聲，"肸"去"鮮"聲猶遠，必以字類相附，"肸"从佾聲，"佾"从八聲，亦可云與"粊"雙聲也。要之，"肸"爲古文，"粊"爲後師以地望改讀者，《説文》引已作"粊"，蓋杜、衞所讀。證七。以上七證，除第三爲古文説外，其一、二、四、五、六、七，均用古文字。史公初習今文學，其序作書用古文字，則爲采古文《書序》無疑。康君作《書序條辨》，恒引《史記》文，云即劉歆所本，不知"中矙作誥""魯天子之命""召公爲保，周公爲師""作《賄息慎之命》""作《羿命》""珪瓚"，此六事者，明明古文；"作《肸誓》"，明明非今文。史公作此，確有所本，以史公從安國問故，當然本之於古文《尚書》，何待劉歆本《史記》，更何得云劉歆作僞？

十二事：《毛詩》十五僞之説皆謬。

康有爲曰：〔三家〕[①]譜系至詳，説義歸一，未有言《毛詩》者，至平帝、王莽時乃突出。《志》云："又有毛公之學，自謂子夏所傳。"託之自謂，不詳其本師。其僞一。《經典釋文·序録》引徐整云：三國吴人。"子夏授高行子，高行子授薛倉子，薛倉子授帛妙子，帛妙子授河間人大毛公。毛公爲《詩故訓傳》於家，以授趙人小毛公。小毛公爲河間獻王博士。"一云：此見陸璣《毛詩草木鳥獸蟲魚疏》，亦三國吴人。"子夏傳曾申，申傳魏人李克，克傳魯人孟仲子，孟仲子傳根牟子，根牟子傳趙人孫卿子，孫卿子傳魯人大毛公。"自東漢後，《毛詩》蓋盛行，而徐整、陸璣述傳授源流、支派，姓名無一同者，一以爲出於孫卿，一以爲不出於孫卿。當三國時尚無定論，則支派不清。其僞二。同一大毛公，一以爲河間人，一以爲魯人，則本師籍貫無稽。其僞三。《漢書》但稱毛公，不著大毛公、小毛公之别，不以爲二人。鄭玄、《毛詩·周南》正義引鄭

①據《新學僞經考》補。

《譜》："魯人大毛公爲《訓詁傳》於其家，河間獻王得而獻之，以小毛公爲博士。"徐整、陸璣以大毛公、小毛公别爲二人，劉、班不知，鄭、徐、陸生後二百年，何從知之？則本師歧亂。其僞四。商瞿傳《易》，至丁寬已七傳，至施、孟、梁邱已九傳矣。《詩》《書》自漢初至西漢末已八傳，而《毛詩》自子夏至西漢末僅八傳。《易》自商瞿至漢初已七傳，而《毛詩》自子夏至西漢末亦僅八傳，豈足信也？若如陸璣説，自孫卿至徐敖凡五傳，閲三百年，亦不足信也。且《魯詩》出於孫卿，若源流合一，則今《荀子》諸《詩》説何以與毛不同？傳授與年代不符。其僞五。《史記》無《毛詩》，《漢書》有毛公而無名，鄭玄、徐整以毛公有大小二人而亦無名，陸璣《疏》、《後漢書·儒林傳》以爲毛亨、毛萇矣。夫劉、班、鄭、徐之不知，吴、宋人如何知之？襲僞成真，歧中又歧。如公羊、穀梁本無名字，公羊、穀梁音相近，蓋卜商之音譌。二書有口説，無竹帛，故傳誤。而公羊忽名高，穀梁忽名赤、名俶，幾若踵事增華，習久成真，遂以烏有先生，竊千年兩廡之祀。名字妄增。其僞六。河間獻王無得《毛詩》立博士事，以《史記·獻王世家》爲據，則竄亂依託。其僞七。詳見《河間獻王傳辨僞》。其他以《風》《小雅》《大雅》《頌》爲四始，與《韓詩外傳》及《史記》“《關雎》爲《風》始，《鹿鳴》爲《小雅》始，《文王》爲《大雅》始，《清廟》爲《頌》始”不同。其僞八。編《詩》移《檜》於《陳》後，移《王》於《衛》後，與《韓詩》《王》在《豳》後、《檜》在《鄭》前不同。據《正義》述鄭《譜》，鄭用《韓詩》説也。其僞九。以《商頌》爲商之遺詩，與三家《詩》以爲正考父美宋襄之説不同。《史記·宋世家》：“襄公之時，其大夫正考父美之，作《商頌》。”《法言·學行》篇：“正考甫嘗睎尹吉甫矣，公子奚斯嘗睎正考甫矣。”凡西漢以前從無異説，《毛詩》妄爲異端。其僞十。蓋三《頌》者，孔子寓王魯、新周、故宋之義。《毛詩》以爲商先世之詩，則微言亡。其僞十一。《史記·孔子世家》稱三百五篇，王式稱“臣以三百五篇諫”，見《儒林傳》。《志》亦云：“孔子純取周詩，上采殷，下取魯，凡三百五篇。”三家説皆同，而《毛詩》多笙詩六篇，則篇目增多。其僞十二。他如《漢廣》“德廣所及”，《白華》“孝子之潔白”，《崇邱》“萬物得極其高大”，《雨無正》“衆多如雨，而非所以爲政”之等，率皆望文生義，絶無事實，則空辭敷衍。其僞十三。若《小雅》自《節南山》以下四十四篇，皆爲刺幽王之詩。刺幽王何其多，而諸王何絶無一篇也？已與三家大異。《楚茨》等篇爲祭祀樂歌，而亦以爲刺幽王，朱子已先疑之。其僞十四。故季札觀樂，爲之徧歌《風》《雅》《頌》，尤爲全《詩》入樂之證。毛於《小雅·楚茨》諸篇及《大雅》諸詩，皆以空衍，不能言其爲樂章。即如《斯干》爲考室樂章，鄭箋謂“築宫廟群寢，既成而釁，歌《斯干》以落之”，《雲漢》爲雩祭樂章，賈公彦謂“邦有大烖，則歌哭而請《雲漢》之詩”，是也。晉、魏時，大雩、祈旱皆歌《雲漢》之章。漢時雅樂可歌者八篇，變《風》之《伐檀》，變《雅》之《白駒》在焉，尤可見《詩》皆入樂之證。自毛不能詳其義，於是《詩》有入樂不入之訟。程大昌、陳暘謂《二南》《雅》《頌》爲樂詩，諸國爲徒詩。陳啟源爲回護毛《序》之故，至謂古人《詩》、樂分爲二教，斥後儒舍《詩》徵樂爲異古人《詩》教之指。是以護毛，故顯悖孔子正樂而《雅》《頌》得所之義，又與季札觀樂而徧歌《風》《雅》相違。其僞十五。《僞經考》三上。

康説全謬。杜欽上疏用《毛詩》在元帝時，何云至平帝、王莽時突出？《漢書·杜欽傳》欽疏之言曰："夫少，戒之在色，《小弁》之作，可爲寒心。"張晏曰："刺幽王廢申后而立褒姒，黜太子宜咎而立伯服也。"臣瓚曰："《小弁》之（時）〔詩〕，太子之傅作也，哀太子之放逐，愍周之大壞也。"攷《詩·小弁》序云："刺幽王也。太子之傅作焉。"此爲欽用《詩》所本，亦即晏、瓚説所本，與蔡邕《琴操》以《魯詩》説伯奇作歌者相反，與《漢書·馮奉世傳》贊用《齊詩》説伯奇放流作《小弁》者亦不同。《易林·訟之大有》："尹氏伯奇，父子生離。無罪被辜，長舌所爲。"此用《齊》説。夫杜欽之用《毛詩》，既已證明無疑義矣。杜在劉歆之前，則《毛詩》當然非歆僞。《後漢書·尹敏傳》曰："兼善《毛詩》《穀梁》《左氏春秋》。"敏、歆同時，《毛詩》突出，何得不知？何至習僞經而善之？敏仕東漢，非倚莽、歆以求貴者，無庸黨歆以作僞也。以此知河間獻王好《毛詩》，決非烏有。《志》云："又有毛公之學，自謂子夏所傳。"此自述淵源，正所以詳其本師。孔子曰："吾自衛返魯，然後樂正，《雅》《頌》各得其所。"馬遷《自序》曰："太史公受《易》楊何。"班固《叙傳》曰："伯少受《詩》於師丹。"孔、馬、班所云，皆自謂也，豈均作僞乎？其謬一。徐整、陸璣述傳授源流，均有子夏、大毛公姓名，非無一同者。始卜終毛，可謂源委同而支派不同耳。其所以不同者，一則大師傳經，弟子原不止一人，《史記·儒林傳》云申公弟子爲博士者十餘人，顧疑子夏傳《詩》不能有高行子、曾申兩派邪？二則大師受經，亦不限于一師，《漢書·儒林傳》言丁寬從田何受《易》，又曰“寬至雒陽，復從周王孫受古義”。顧疑大毛公受于孫卿，又受于帛妙子邪？支派不同，姓名自不同，一出孫卿，一不出孫卿，事所當然，奚云不清？其謬二。大毛公，一以爲河間人，一以爲魯人。此猶劉向序《荀子》，稱孫卿爲趙人，而《崇文總目》則言卿爲楚人也。趙、楚殊説，而荀子不僞。河間、魯不同，《毛詩》顧獨僞乎？以詰康君，當啞然失笑矣。其謬三。班非《詩》學專家，《漢書》不别大小毛公，或由不知，或丘蓋不言。鄭箋《詩》宗毛，既得《詁訓傳》，當然攷出作者爲何人。鄭雖後班四十餘年，而高年通經過之，加以鄭師馬融，猶及與班並世，且從班昭問《漢書》，有何班未知而鄭即不能知者？班稱毛公，而鄭别大毛公、小毛公，固無不可也。其謬四。《毛詩》傳授之年代，並無不符。

其在大毛公以前者，可以《易》比例之；其在小毛公以後者，可以《魯詩》《齊詩》比例之。《易》與《魯》《齊詩》傳授年代不誤，則《毛詩》傳授年代亦不誤。攷《漢書·儒林傳》，《易》之傳授，商瞿傳橋庇，庇傳馯臂，臂傳周醜，醜傳孫虞，虞傳田何。自商至何爲五傳。如陸璣說，《毛詩》自子夏至大毛公爲六傳。商瞿、子夏，均孔子弟子。田何與大毛公，均周末漢初人。《易》五傳可至漢初，《毛詩》六傳反不能至漢初邪？此在大毛公以前者，以《易》比例而證明其傳授年代相符也。據《儒林傳》，《魯詩》申公一傳瑕丘江公、魯許生，再傳韋賢，三傳韋玄成，四傳哀帝；《齊詩》轅固生一傳夏侯始昌，再傳后蒼，三傳匡衡，四傳師丹。策免大司空師丹者，哀帝建平元年也。是《魯》《齊詩》由漢初至哀帝時，均止四傳。如《儒林傳》言，毛公授《詩》，一傳貫長卿，再傳解延年，三傳徐敖，四傳陳俠，亦哀帝時人。《魯》《齊》四傳至哀帝，《毛》亦四傳至哀帝，何獨不足信邪？此在小毛公以後者，可以《魯》《齊詩》比例而證明其傳授年代相符也。或曰：如徐整所云，由子夏四傳至大毛公，如陸璣所云，由子夏六傳至大毛公，何以兩派相差至兩傳？此亦可以《魯詩》比例説明之。據《儒林傳》，申公傳《詩》，韋賢一派至哀帝爲四傳，王式一派至許晏爲五傳，亦多一傳，且未至哀帝之世也。傳者壽有高下，受者年有遲早，雖屬同門，可以多一二傳，無所疑也。其謬五。《漢書·儒林傳》《書》有大、小夏侯，《詩》不可有大、小毛公邪？《魯詩》有瑕丘江公，又稱大江公。然則鄭、徐稱大毛公、小毛公，陸疏稱毛亨、毛萇，與《漢書》例亦合矣。康既知公羊、穀梁本無名字，而公羊忽名高，穀梁忽名赤、名俶矣，公羊、穀梁不僞，何以大毛公忽名亨、小毛公忽名萇，而《毛詩》即僞乎？此矛盾之極矣。其謬六。《史記·獻王世家》無得《毛詩》事，而《漢書·獻王傳》有之。以章氏據《史記》序《湯征》，證明史公見獻王本古《尚書》，則《世家》無得《毛詩》事，乃史公見獻王本而未之載。《史記》漏載，反疑《漢書》載此爲失實乎？其謬七。《毛詩》四始與《史記》四始異，此不過家法不同，故立説不同耳。《詩正義》曰："四始者，鄭答張逸云：《風》也，《小雅》也，《大雅》也，《頌》也，此四者，人君行之則爲興，廢之則爲衰。"又箋云："始者，王道興衰之所由。然則此四者，是人君興廢之始，故謂之四始也。”其說亦言之成理，以視史公用《魯詩》，謂“《關雎》爲《風》始，《鹿鳴》爲《小雅》始，《文王》爲《大雅》始，《清廟》爲《頌》始”，其壁壘固各自森嚴，無所軒輊。假定魯優而毛遜，亦非魯真而毛僞也。其謬八。《王》在《衞》後，《檜》在《陳》後，此吴季札觀樂歌《詩》之次第，《左傳》《史記·吴世家》載之甚詳，乃古人述《詩》篇次之最古者，亦最可信者也。夫歌《詩》次第，出於魯之廟堂。《毛詩》篇次與之相符，證明孔子删《詩》，此處尚未變更原書篇次，雖《周禮·春官·大師》疏引鄭衆《左氏春秋注》謂“傳家據已定録之，言季札之樂，與聖人同”，然亦可見聖人已定之篇次如此。《韓詩》《王》在《豳》後，《檜》在《鄭》前，此《韓》有所變更。《韓》誤，而《毛》不誤也，反以《毛》爲僞乎？其謬九。《魯語下》云：“昔正考父校商之名頌十二篇於周太師，以《那》爲首。”《毛詩序》云云，《詩序》云：“有正考父者，得《商頌》十二篇於周之太師，以《那》爲首。”本之《魯語》。《國語》爲左丘明作，遠在西漢以前。太史公采《國語》作《史記》，乃云：“襄公之時，其大夫正考父美之，故追道契、湯、高宗殷所以興，作《商頌》。”此史公失玫也。《索隱》云考父佐戴、武、宣，則在襄公前且百許歲，安得述而美之？斯謬説耳。康氏不考史實，惑於三家及馬遷之説，反以《毛詩》妄爲異論，真以不狂爲狂者。其謬十。《國語》既云“昔正考父校商之名頌十二篇於周太師，以《那》爲首”，則今《詩》名《商頌》，又以《那》爲首，實正考父之所校定。正考父校《商頌》已有明文，則《商頌》非正考父所作。如果稱宋爲商，宋之名頌，焉用藏之周太師？正考父宋人，校宋詩，又焉用於周太師邪？或曰：魯定公諱宋，當時改宋爲商。在正考父之時，宋並不稱商，焉有作《商頌》以美宋襄公之事？則商即“肆伐大商”之商，毫無疑義。《漢書·禮樂志》曰：“殷頌猶有存者。”殷頌，指《商頌》也。若《商頌》爲宋詩，焉得云殷頌猶存？班氏家有中祕書，此言固有所本，足訂史公之誤。如此則王魯、新周、故宋之微言，無從發生矣。其謬十一。漢初馬遷、王式諸人，皆云《詩》三百五篇，無有云三百十一篇者。胡君玉縉曰：“漢初人云三百五篇者，不數六逸篇也。”定一按：胡説是。《鄉飲酒禮》云：“笙入堂下磬南，北面立，樂《南陔》《白華》《華黍》。”《燕禮》云：“奏《南陔》《白華》《華黍》。”又云：“笙

《由庚》，笙《崇丘》，笙《由儀》。”此六詩篇目，明明見于《禮經》，何云《毛傳》增多？《詩序》云：“有其義而亡其辭。”辭亡矣，漢初人言《詩》，自不數之，猶正考父校商之名頌十二篇於周太師，至孔子時僅存五篇，孔子遂以五篇入《詩》。斯其證也。其謬十二。“《漢廣》，德廣所及也。文王之道，被于南國，美化行乎江漢之域，無思犯禮，求而不可得也。”鄭云：“紂時淫風徧于天下，維江漢之域，先受文王之教化。”攷《文選·七啟》李注引《韓詩序》曰：“《漢廣》，説人也。”陳啟源謂《韓序》是也。劉向《列仙傳》引江妃二女逢鄭交甫事，末引“漢有游女，不可求思”。《列女傳·傳六》、《韓詩外傳》一載孔子、子貢見阿谷處女事，終引此詩。是《韓》《魯詩》雖有事實，然自歧異。劉向習《魯詩》，《列仙傳》與《列女傳》復異，則《藝文志》所譏“或取《春秋》，采雜説，咸非其本義”，誠哉其雜，信乎其非本義也。以視毛《序》《傳》與詩文相應，誰爲優邪？《白華》《崇丘》，三家不入《詩》，毛亦亡其詞，無從較其得失。《雨無正》，據《集傳》載，劉安世見《韓詩》作《雨無極》，《序》作“正大夫刺幽王也”，吕東萊《讀詩記》載董氏引

《韓詩》作《雨無政》，《序》作“正大夫刺幽王也”，餘無可攷。今《毛序》“大夫刺幽王也”，則《毛》《韓》同，無所優劣。《毛》又云：“雨自上下者也，衆多如雨，而非所以爲政也。”鄭云：“亦當爲刺厲王。王之所教令甚多，而無正也。”以鄭補毛，毛説其義，鄭證其事，義簡而事賅，非空辭敷衍也。《序》《傳》與詩均相應，非望文生義也。其謬十三。《節南山》以下四十四篇，不皆爲幽王之詩，刺幽王雖多，但無康説之多，所謂“紂之不善，不如是之甚也”。予核之《節南山》以下四十四篇，其中有三十四篇刺幽王。此三十四篇之中，鄭《箋》謂有四篇當爲刺厲王，“鄭以《十月之交》以下四篇，是厲王之變《小雅》。漢興之初，師移其篇次。毛爲詁訓，因改其第焉”。則刺幽王者止三十篇。康謂諸王何絶無一篇，如鄭説，則厲王原有四篇，不待康之疑也。其他之十篇，《何人斯》“蘇公刺暴公也”，《大東》“刺亂也”，《無將大車》“大夫悔將小人也”，《小明》“大夫悔仕於亂世也”，《賓之初筵》“衛武公刺時也”，《都人士》“周人刺衣服無常也”，《采緑》“刺怨曠也”，《白華》“周人刺幽后也”，《緜蠻》“微臣刺亂也”，《苕之華》“大夫閔時也”。此十篇明明非刺幽王者，而康歸之刺幽王，以增多其刺幽王之篇數，何也？無非欲造謡惑衆，破壞其信仰《毛詩》之心，以伸張自己之肊説也。其謬十四。《史記·吴世家》載，季札於魯觀樂，爲之徧歌《風》《雅》《頌》，《孔子世家》言：“三百五篇，孔子皆弦歌之，以求合《韶》《武》《雅》《頌》之音。”則《詩》皆入樂，自是確論，《毛傳》並無《詩》不入樂之説。《小雅·楚茨》諸篇及《大雅》諸詩，毛雖未正言其爲樂章，亦未言其非樂章也。程大昌、朱熹、顧炎武、（程）〔陳〕[①]啟源有《詩》入樂不入樂之訟，此乃後儒失攷之咎，於毛何尤？其謬十五。

十三事：《荀子》諸《詩》説與毛同，證明孫卿傳大毛公之説可信。

康有爲曰：今《荀子》諸《詩》説，何以與毛不同？《僞經考》三上説《毛詩》第五僞。

荀、毛是否同説，此於《毛詩》真僞有關。如果荀説

①據《毛詩稽古編》改。

異毛，則《毛詩》當然非荀所傳。若是荀説同毛，則荀之授毛證實，《毛詩》自然不僞。今攷《荀子》全書引《詩》者七十六事，除逸《詩》七事外，餘六十九事。楊倞注引《毛詩》十四，引毛《傳》者十一，引鄭《箋》者七。此十四事，在楊倞已仞爲荀、毛相同，其他之四十五事，定一核之《毛詩》，有三事不合荀説，此外四十二事，則荀、毛無不合者。其中楊注有用毛、鄭説而未舉其名者，已證明荀同乎毛。乃康謂荀子諸《詩》説與毛不同，不知是何用意。意者失攷邪？亡其欺人邪？失攷，則未見顔色而言，謂之瞽；欺人，則人而無信，不知其可也。予别譔《〈荀子〉引〈詩〉同毛證》，坿後以相佐諭。皮鹿門曰："荀卿《非十二子》有'子夏之賤儒'，是荀卿之學非出子夏，判然爲二。毛公之學，自謂子夏所傳。祖子夏，不應祖荀卿。祖荀卿，不應祖子夏。此毛《傳》不可信者。"定一謂：祖荀卿，已有荀《詩》同毛説爲證，無可疑者。祖子夏，亦無可疑。攷《非十二子》篇云："正其衣冠，齊其顔色，嗛然而終日不言，是子夏氏之賤儒也。偷儒憚事，無廉恥而耆飲食，必曰君子固不用力，是子游氏之賤儒也。"楊注："此皆言先儒性有所偏，愚者效而慕之，故有此敝也。"是則荀謂子夏氏之賤儒，乃指子夏一類之儒有此敝，非謂本人。氏者族也，族猶類也。不然孔門四科，文學惟子游、子夏，何得賤之？孔子親許子夏可言《詩》，《儀禮》明列子夏《喪服傳》。聖門傳《詩》《禮》者，首推子夏一人。荀子以善爲《詩》《禮》名，不祖子夏而誰祖乎？皮氏又云："申公受《詩》于浮丘伯，浮丘伯又受之荀卿，則《魯詩》實出荀卿矣。若《毛詩》亦荀卿所傳，何以與《魯詩》不同？"斯亦非也。《公羊》《穀梁》均出子夏，其説多不同。《公》《穀》不同可信，何以毛、魯不同，即不可信？且其不可信者，獨在毛而不在魯邪？皮氏習今《尚書》，固知《書》祖伏生，而有歐陽、大小夏侯，其説不必悉同，然皆不僞也，何獨於《詩》出荀卿之毛不同魯而疑之？

十四事：《毛詩》與《孟子》《史記》合，其爲何休、蔡邕今文家所引，尤足徵其不僞。

康有爲曰：其他説義徵禮，與今文顯悖者凡百千條，詳《毛詩僞證》，今不著。其云河間獻王好之者，以爲旁證，皆歆竄附之僞説也。然移文博士，不敢稱之，而僅著於《七略》。《僞經考》三上。

康謂《毛詩》與今文顯悖者百千條，此乃虚妄張大之詞，故造謡言，淆亂聽聞耳。以余所考，《毛詩》有與今文相異者，亦有爲今文家所引重者。其相異者，由家法不同；爲今文家所引重者，則不僞之鐵證也。夫杜欽上疏用《毛詩》，已證明《毛詩》非突出平帝時矣。其與《孟子》《史記》合，及見引於兩漢儒者，足徵《毛詩》淵源之古。攷《惟天之命》與《閟宫》傳均引“孟仲子曰”，《絲衣序》《小弁》傳均引“高子曰”，與《孟子》合。《孟子》言太王遷邠、虞舜大孝、仕者世禄、盛德不爲臣，引從事獨賢、泄泄沓沓，均《毛詩》古訓，而毛公《序》《傳》即用《孟子》。《詩·長發》“武王載旆”傳：“武王，湯也。”《史記·殷本紀》曰：“於是湯曰吾甚武，號曰武王。”與毛《傳》合。至賈誼、《新書·等齊》篇孔子曰：“長民者，衣服不二，從容有常，以齊其民，則民德一。”今此語見《都人士序》。司馬相如、班固、服虔、蔡邕，先後引《詩序》。見錢大昕《養新録》一《詩序》條，附後。蔡邕爲今學鉅子，其引《詩序》大同小異。何休譔《公羊解詁》，多本《毛詩》，尤足證明《毛詩》之不僞。馬瑞辰譔《〈毛詩〉古文多假借考》，見《毛詩傳箋通釋》。舉十九字爲證，均《毛詩》甚古之明徵也。《後漢書·衛宏傳》曰：“馬融作《毛詩傳》。”何焯云：“後人不悟《毛詩》之出於融，何也？”定一謂：馬融《毛詩傳》別是一書，已亡佚矣。若謂即今之《毛傳》，則鄭爲融高足弟子，焉有不知？焉有知而匿其本師之名，以僞託大毛公？《六藝論》云箋《詩》宗毛，是鄭所箋者，明明毛公之《詁訓傳》，何得指爲馬融所作？且《傳》明言融作《毛詩傳》，非《詁訓傳》也，無可誤會。錢大昕《養新録》卷一《詩序》條云：王氏《困學紀聞》引葉氏云：“漢世文章，未有引《詩序》者。魏黄初四年詔云：‘《曹詩》刺遠君子，近小人。’蓋《小序》至此始行。”近儒陳啟源始非之，云：“司馬相如《難蜀父老》云‘王事未有不始於憂勤而終逸樂’，此《魚麗序》也。班固《東京賦》‘德廣所及’，此《漢廣序》也。一當武帝時，一當明帝時，可謂非漢世耶？”吾友惠定宇亦云：“《左傳》襄廿九年‘此之謂夏聲’，服虔解誼云：‘秦仲始有車馬禮樂之好，侍御之臣，戎車四牡田狩之事，與諸夏同風，故曰夏聲。’又蔡邕《獨斷》載《周頌》卅一章，盡録《詩序》，自《清廟》至《般》，一字不異，何得云至黄初始行于世耶？”愚謂宋儒以《詩序》爲衛宏作，故葉石林有是言。然司馬相如、班固皆在宏之前，則《序》不出於宏，已無疑義。愚又考孟子說《北山》之詩，云“勞於王事，而不得養父母”，即《小序》說也。唯《小序》在孟子之前，故孟子得引之。漢儒謂子夏所作，殆非誣矣。定一按：《獨斷》引《詩序》文大同，其異者，各章於《序》下多加所歌字而已。

卷三

十五事：《周官》經見于西漢，其説有與《公》《穀》《孟子》《王制》相反者，緣于歷時久而制度變，非由《周官》之僞；其不相反而相同者，均爲不僞之徵。

康有爲曰：至《周官經》六篇，則自西漢前未之見。《史記·儒林傳》《河間獻王傳》無之，其説與《公》《穀》《孟子》《王制》、今文博士皆相反。《僞經考》三上。

《周官》載於《史記·封禪書》，《封禪書》曰："上與公卿、諸生議封禪。封禪用希曠絶，莫知其儀禮，而羣儒采封禪、《尚書》《周官》《王制》之望祀射牛事。"何得云西漢前未見？《封禪書》爲《史記》八書之一，既載《周官》，何必《儒林》《獻王傳》重見，始得爲憑？載於《封禪書》者，康任意説其僞。假令《周官》見於《儒林》《獻王傳》，安知彼不説其僞，如《儒林傳》之載古文《尚書》事乎？康謂《周官》説與《公》《穀》《孟子》《王制》、今文博士皆相反，定一按：此當分别言之。有説實相反者，緣于歷時久而制度多變革也；有説不相反，而誤以爲反者，緣于禮家逞臆説而經義晦也。有説不反而相同者，則可一二其詳，而學者覽其切焉。兹分釋之於下。（一）曷言乎説實相反也？章氏曰："《周禮》本周成王時制度，至秦幾九百年，其中平王東遷一變，《春秋》五霸一變，戰國七雄又一變，諸侯惡（甚）〔其〕①害己也，而皆去其籍。孟子與穀梁生當戰國，公羊在其後，《王制》作者更在其後。彼等所見當世制度及所傳聞，自有非周公六官之舊者，則其説之相反，無足怪也。加之周公在朝，爲實施禮制之人，孟子、公、穀在野，爲擬議禮制之人，所見不同，相反更無足異。五等之爵，《王制》且與《孟子》不同，顧欲《周禮》之悉同《公》《穀》《孟子》《王制》乎？"定一按：章説是。夫《王制》述庠、序、學、膠，與《孟子》殊；《孟子》説伯一位、子男同一位，又與《公羊》大異。《公羊》桓十一年傳云："伯、子、男一也。"《孟子》《公羊》《王制》相反既不僞，豈《周禮》相反獨爲僞乎？鄭庠曰：

---

①據《孟子》改。

“三《禮》之學其所以訛異者，有出於前人之所行而後人更之者，有後世諸儒損益前代自爲一朝之典者。”見《六經奥論·三禮同異》篇。此類是也，不可不察也。（二）曷言乎説不相反而誤以爲反也？鄭康成《周禮·匠人》注云：“以《載師職》及《司馬法》論之，周制，畿内用夏之貢法，税夫無公田。以《詩》《春秋》《論語》《孟子》論之，周制，邦國用殷之助法，制公田，不税夫。”鄭又云：“通其率以什一爲正。《孟子》云：‘野九夫而税一，國中什一。’是邦國亦異外内之法耳。”據鄭説，《周禮·載師》與《孟子》述周制相反，其實非也。《孟子》請野九一而助，國中什一使自賦，爲滕地言，本非通制。《孟子》曰：“夏后氏五十而貢，殷人七十而助，周人百畝而徹。”《孟子》已申明非周一代之制。黄以周曰：“《大司徒》比、閭、黨、州、鄉，皆以五起數，是鄉用貢法也。《小司徒》大比六鄉四郊之吏，考夫屋，夫三爲屋，是鄉、遂亦用助法也。畿内二法通行，未嘗拘定，鄭注泥矣。其云通率什一之説亦誤。《孟子》言貢、助、徹皆什一，明九一、什一，其立名雖不同，而其税皆什一也。野九一而助，據助法九區之一言，其名曰九一，其税亦什一。國中什一使自賦，據貢法之十夫言，其税曰什一，與上‘其實皆什一也’同義。”見《田賦通故》。是《孟子》與《周禮》固相承也。此則《周禮》《孟子》本不相反，而注家誤以爲反者也。

（三）曷言乎説不反而相同也？鉤稽六官故訓，攷核《公》《穀》《孟子》《王制》之文，恉意符合，不一而足，略舉其證如下：《周禮·大司馬》云：“賊賢害民則伐之。”注：“《春秋〔傳〕[①]》曰：粗者曰侵，精者曰伐。”此注引《公羊傳》文也。攷《穀梁》隱五年傳：“苞人民、毆牛馬曰侵，斬樹木、壞宫室曰伐。”此《周官》與《公》《穀》不相反也。證一。《大宗伯》云：“賜卿、大夫、士爵，則儐。”注：“賜，猶命也。儐之，如命諸侯之儀。《春秋》〔文〕[②]元年：‘天王使毛伯來錫公命。’傳曰：‘錫者何？賜也。命者何？加我服也。’”此《周官》與《公羊》不相反也。證二。《太宰》云：“六曰尊貴。”注：“尊貴，尊天下之貴者。《孟子》曰：‘天下之達尊三，曰爵也、德也、齒也。’”此《周官》與《孟子》不相反也。證三。《太宰》云：“八曰友，以任得民。”注：

①②據《周禮注疏》補。

"友，謂同井相合耦耡作者。《孟子》曰：'鄉田同井，出入相友，守望相助，疾病相扶持，則百姓親睦。'"此《周官》與《孟子》不相反也。證四。《大司徒》云："乃經土地而井牧其田野。"注："《孟子》曰：'夫仁政必自經界始。經界不正，井地不均，貢禄不平，是故暴君姦吏，必慢其經界。經界既正，分田制禄，可坐而定也。'"此《周官》與《孟子》不相反也。證五。《載師》云："以宅田、士田、賈田任近郊之地。"注："士，讀爲仕。仕者亦受田，所謂圭田也。《孟子》曰：'自卿以下，必有圭田。圭田五十畝。'"此《周官》與《孟子》不相反也。證六。《司關》云："國凶札，則無關門之征，猶幾。"鄭司農云："《孟子》曰：關幾而不征，則天下之行旅皆説而願出於其塗。"此《周官》與《孟子》不相反也。證七。《均人》云："凡均力政，以歲上下，豐年則公旬用三日焉。"攷《王制》，"用民之力，歲不過三日"。此《周官》與《王制》不相反也。證八。《外饔》云："邦饗耆老。"注："《王制》曰：周人養國老於東膠，養庶老於虞庠。"此《周官》與《王制》不相反也。證九。《大司徒》云："以其室數制之。"注："以其室數制之，謂制丘甸之屬。《王制》曰：‘凡居民，量地以制邑，度地以居民。地邑民居，必參相得。’”此《周官》與《王制》不相反也。證十。《内史》云：“王制禄，則贊爲之，以方出之。”注：“玄謂《王制》曰：王之三公視公侯，卿視伯，大夫視子男，元士視附庸。”此《周官》與《王制》不相反也。證十一。《大司馬》云：“車徒皆譟。”注：“《書》曰‘前師乃鼓𡔷譟’，亦謂喜也。”攷注引《書》乃《大傳》。此《周官》與伏生説不相反也。證十二。《肆師》云：“類造上帝，封于大神，祭兵于山川，亦如之。”注：“《大傳》曰：牧之野，武王之大事也。既事而退，柴於上帝，祈于社，設奠於牧室。”此《周官》與伏生説不相反也。證十三。《大祝》云：“六曰説。”注：“玄謂：董仲舒救日食，祝曰：‘炤炤大明，瀸滅無光，奈何以陰侵陽，以卑侵尊。’是之謂説也。”攷《春秋繁露·求雨》篇祝曰：“昊天生五穀以養人。今五穀病旱，恐不成實，敬進清酒膊脯，再拜請雨。雨幸大澍。”亦所謂説也。此《周官》與董仲舒説不相反也。證十四。《司士》云：“掌羣臣之版，以治其政令，歲登下其損益之數。”注：“損益，用功過黜陟者。”攷《春秋繁露·考功名》

篇：“考績之法，考其所積也。”又曰：“考績黜陟，計事除廢。”即登下損益之説也。此《周官》與董仲舒説不相反也。證十五。《司尊彝》云：“春祠，夏禴，秋嘗，冬烝。”攷《春秋繁露·四祭》篇曰：“故春曰祠，夏曰礿，秋曰嘗，冬曰烝。”又《深察名號》篇曰：“祭之散名，春曰祠，夏曰礿，秋曰嘗，冬曰烝。”《説苑·脩文》篇曰：“春祭曰祠，夏祭曰禴，秋祭曰嘗，冬祭曰烝。”是《繁露》《説苑》四祭之名同《周官》，“禴”“礿”異文，疊韻相轉。此《周官》與董仲舒、劉向不相反也。證十六。《五經異義》云：“爵制，今《韓詩》説：一升曰爵，二升曰觚，三升曰觶，四升曰角，五升曰散。古《周禮》説亦與之同。謹案：《周禮》一獻三酬，當一豆。即觚二升，不滿豆矣。”此《周官》與今《韓詩》説不相反也。證十七。《周官·大司徒》云：“凡建邦國，以土圭土其地而制其域。”注：“土其地，猶言度其地。”攷《韓詩外傳》八曰：“度地圖居，以立國。”此《周官》與《韓詩》不相反也。證十八。《大司馬》云：“遂以蒐田，遂以苗田，遂以獮田，遂以狩田。”攷《説苑·脩文》篇曰：“《傳》曰：春曰蒐，夏曰苗，秋曰獮，冬曰狩。”此《周官》與劉向説不相反也。證十九。綜斯諸證，《公》《穀》《孟子》《王制》、今文博士，非皆與《周官》相反，且往往合乎《周官》。若果古文家僞《周官》，何至今文家與之同也？

十六事：《王莽傳》止於附會經典，尚無竄造經典之明文。《周禮》行于周、秦、漢，其證據最多，自非歆僞。

康有爲曰：《莽傳》所謂“發得《周禮》，以明因監”，故與莽所更法立制略同，蓋劉歆所僞譔也。歆欲附成莽業，而爲此書，其僞羣經，乃以證《周官》者。故歆之僞學，此書爲首。《僞經考》三上。

《莽傳》云：“發得《周禮》，目明因監。”此《周官》在西漢時又名《周禮》之徵。若謂其與莽更法立制略同，爲歆僞譔，則全屬臆説，毫無證據。攷歆附會經典以媚莽，《莽傳》載之甚詳；竄造經典以媚莽，則絶無明文。假使歆真有竄造情事，《莽傳》既詳載其附會經典、更法立制各節矣，竄造事有何不可以載？爲核實探源起見，當然有則載之。班固典史，家有祕書副本，知朝章國故。且承名父之業而成書，父彪與歆同時，復不滿於歆、雄之附莽，更無竄而不知、知而不載之理。今攷《莽傳》本無明文，乃以莫須有之辭，想當然之語，將歆附會經典者，肆意周内，讞成僞造《周禮》之獄。此不足以服人也。況《周禮》不僞，汪中攷得六徵，陳澧攷得四條。說均附後。宣尼親見《周禮》，黄侃攷得一徵。說附後。《漢書·禮樂志》及康所仞爲今文之《地理志》，明述《周官》，定一已攷得兩徵。見本書第五事。《周禮》爲周時書，本已較然明白，兹不厭求詳，特將《周禮》行于周、秦、漢之證，再略陳之。《周禮》行于周時，見之《毛傳》《詩·行露》《野有死麕》《棠棣》《天保》《正月》《白華》《維天之命》《駉》傳，均引述《周禮》。《左傳》《禮記》者，不可勝數。因《左傳》《毛傳》康以爲僞，《戴記》則康謂有虚造，特避而不録，録其見于《公羊》者。合之用于秦、漢時者，可證明《周禮》之不僞焉。（一）《公羊》僖十四年傳云："上無天子，下無方伯。"方伯諸侯，即《大宰》之"建其牧，立其監"也。（二）僖十四年傳又云："諸侯有相滅亡者，力能救之，則救之可也。"即《大宰》之"制軍詰禁，以糾邦國"也。（三）《公羊》僖二十八年傳："晉侯侵曹、伐衞。"即《大司馬》"賊賢害民則伐之，負固不服則侵之”也。（四）《公羊》桓四年傳：“公狩于郎。狩者何？田狩也。春曰苗，秋曰蒐，冬曰狩。”即《大宗伯》“大田之禮，簡衆也”。《大司馬》有蒐、苗、獮、狩，《公羊傳》無獮。《春秋繁露·深察名號》篇曰：“田之散名，春苗、秋蒐、冬狩、夏獮。”則又有獮。定以爲夏雖無獮，而大田簡衆之恉則一也。（五）《公羊》莊四年傳：“古者諸侯必有會聚之事，相朝聘之道。”即《大宗伯》“春見曰朝，時見曰會，時聘曰問”也。（六）莊四年傳又云：“夫人姜氏饗齊侯于祝丘。”即《大宗伯》“以饗燕之禮，親四方之賓客”也。（七）《公羊》桓六年傳：“秋，八月，壬午，大閲。大閲者何？簡車徒也。”即《大司馬》“中冬教大閲”也。（八）《公羊》莊八年傳：“甲午，祠兵。祠兵者何？出曰祠兵，入曰振旅，其禮一也，皆習戰也。”即《大司馬》之“教治兵振旅”也。（九）《公羊》莊三十年傳：“鼓，用牲于社。”即《大司馬》“獻禽以祭社”也。（十）《公羊》（禧）〔僖〕[①]二十一年傳：“宋公謂公子目夷曰：子歸守國矣。國，子之國

①據《公羊傳》改。

也。”即《大司馬》之“均守平則，以安邦國”也。（十一）《公羊》僖十九年傳：“己酉，邾婁人執鄫子用之。惡乎用之？用之社也。其用之社奈何？蓋叩其鼻以血社也。”即《小子》“掌珥于社稷”也。（十二）《公羊》襄三十年傳：“會于澶淵，宋災故。宋災故者何？諸侯會于澶淵，凡爲宋災故也。”即《大宗伯》“以禬禮哀圍敗”也。（十三）《公羊》文五年傳：“春，王正月，王使榮叔歸含且賵。含者何？口實。”即《典瑞》“大喪，共含玉”也。（十四）《公羊》僖三年傳：“楚屈完來盟于師，盟于召陵。”盟者，即《詛祝》“掌盟，作盟詛之載辭，以叙國之信用，以質邦國之劑信”也。上十四事爲《周禮》行于周時之證。（十五）《漢書·百官公卿表》：“御史大夫，秦官，掌副丞相。”即《春官·御史》“掌邦國、都鄙及萬民之治令，以贊冢宰”者也。（十六）《百官表》又云：“内史，周官，秦因之，掌治京師。”即《春官·内史》“掌王之八枋之灋，以詔王（制）〔治〕[①]”者也。（十七）《吕氏春秋·孟夏紀》：“乃命樂師，習合禮

①據《周禮注疏》改。

樂。”即《春官·樂師》“掌國學之政，教樂儀”者也。（十八）《吕氏春秋·仲秋紀》：“乃命司服，具飾衣裳。”即《春官·司服》“掌王之吉凶衣服，辨其名物與其用事”者也。（十九）《吕氏春秋·仲冬紀》：“乃命大酋，秫稻必齊，麴蘗必時，湛饎必潔，水泉必香，陶器必良，火齊必得。兼用六物，大酋監之。”即《酒正》“掌酒之政令，以式灋授酒材”也。（二十）《吕氏春秋·季冬紀》：“乃命太史，次諸侯之列。”即《春官·大史》“掌建邦之六典，以逆邦國之治”者。（廿一）《季冬紀》又曰：“命有司大儺。”注：“《周禮》方相氏掌蒙熊皮，黄金四目，玄衣朱裳，執戈揚楯，率百隸而時儺，以索室驅疫鬼。此之謂也。”上七事爲《周禮》行于秦時之證。（廿二）《大宰》：“九曰閒民無常職，轉移執事。”鄭司農云：“轉移爲人執事，若今傭賃也。”此轉移執事行于漢也。（廿三）《大宰》：“以九賦斂財賄。”注：“玄謂：賦，口率出泉也。今之筭泉，民或謂之賦。此其舊名與？”此賦法行于漢時也。（廿四）《小宰》：“七曰聽賣買以質劑。”鄭司農云：“質劑，謂市中平賈，若今時月平是也。”此質劑行于漢時也。（廿五）《宰夫》：“書其能者與其良者，而以告于上。”鄭司農云：“若今時舉孝廉、賢良、方正、茂材、異等。”此舉能行於漢時也。（廿六）《宮正》：“以時比宮中之官府，次舍之衆寡。”注：“次，諸吏（置）〔直〕[①]宿，若今部署諸廬者。”此次舍行于漢時也。（廿七）《宮正》：“幾其出入。”鄭司農云：“若今時宮中有罪，禁止不得出，亦不入，及無引籍不得入宮司馬殿門也。”此幾出入行于漢時也。（廿八）《旄人》：“掌教舞散樂、舞夷樂。”注：“散樂，野人爲樂之善者，若今黃門倡矣。”此散樂行于漢時也。（廿九）《司刺》：“再宥曰過失。”鄭司農云：“過失，若今律過失殺人不坐死。”此宥過失行于漢時也。（三十）《大司寇》：“凡庶民之獄訟，以邦成弊之。”鄭司農云：“邦成，謂若今時決事比也。”此邦成行于漢時也。（卅一）《朝士》：“掌建邦外朝之灋。”注：“今司徒府有天子以下大會殿，亦古之外朝哉。”此外朝見于漢時也。上十事，注家以漢制況周制，足徵漢制與周制同，即是《周禮》行于漢時之證。上所舉《周禮》行于周、秦、漢之證，其出于《公羊》者，今文

①據《周禮注疏》改。

家言，非僞書也。書不僞，則證亦不僞矣。其出於《漢書》與《吕氏春秋》者，《漢書》作者班固，今文家也，《吕氏春秋》證，亦見《禮記·月令》。《禮記》作者小戴，亦今文家也。康詆《戴記》有虛造，《月令》文見《吕氏春秋》，自不在虛造之列，斯不僞也。其出于《周禮注》者，注係漢人譔。假令經文有僞，而注以漢人述漢事，漢事决不僞也。由斯而談，《周禮》行于周、秦、漢者，其證灼然無疑。《周禮》之非劉歆所僞，遂昭然若揭，始知漢何、何休。臨臨碩。之肆其詰難，宋胡、胡宏始有“劉歆僞造《周禮》”一言。王王應麟復以《左傳》“其處者爲劉氏”語爲劉歆竄入。之詆歆竄造，清萬、萬斯大譔《周官辨非》。姚姚際恒列《周禮》於《古今僞書考》中。之指作僞經，均爲謬妄矣。《述學·周官徵文》篇曰：中考之于古，凡得六徵。《逸周書·職方解》，即《夏官》職方職文。據《序》，在穆王之世，云：“王化雖弛，天命方永，四夷八蠻，攸尊王政，作《職方》。”一也。《藝文志》：“六國之君，魏文侯最爲好古。孝文時，得其樂人竇公，獻其書，乃《周官·大宗伯》之《大司樂》章也。”二也。《大戴禮·朝事》載《秋官》典瑞、大行人、小行人、司儀四職文。三也。《禮記·燕義》，

《夏官》諸子職文。四也。［諸、庶字通。］《内則》“食齊，視春時”以下，《天官》食醫職文。“春宜（膏）〔羔〕[①]、豚，膳膏薌”以下，庖人職文。“牛夜鳴則庮”以下，内饔職文。五也。《詩·生民》傳“嘗之日，莅卜來歲之芟”以下，《春官》肆師職文。六也。遠則西周之世，王朝之政典，大史所記及列國之官世守之以食其業，官失而師儒傳之，七十子後學者繫之于六藝，其傳習之緒明白可據也如是，而以其晚出疑之，斯不學之過也。《東塾讀書記》七《周禮》篇云：澧又考得四條。《禮記·雜記下》“《贊大行》曰”云云，鄭注云：“《贊大行》者，書説大行人之禮者名也。”孔疏云：“《周禮》有《大行人》篇。舊作記之前，有人説書贊明大行人之事，謂之《贊大行》。”《郊特牲》“縮酌用茅，明酌也”云云，孔疏云：“此一節，記人總釋《周禮·司尊彝》泲二齊及鬱鬯之事。”《考工記》賈疏云：“此記人所録衆工，本擬亡篇六十而作。”《大司馬》：“中冬教大閲，羣吏聽誓於陳前。”鄭注云：“《月令》：季秋，天子教于田獵，以習五戎，司徒搢扑，北面以誓之。此大閲禮實正歲之中冬，而説季秋之政，於周爲中冬，爲《月令》者失之矣。”賈疏

①據《禮記》改。

云："吕不韋以爲此經中冬爲周之中冬，當夏之（秋季）〔季秋〕[①]，是失之矣。"據此四條，《周禮》若非周室典制，作《禮記》者何必贊之、釋之，作《考工記》者何必擬之？且吕不韋作《月令》本於《周禮》，而猶有失，則《周禮》必遠在吕不韋之前。此皆足徵《周禮》是周室典制。黄侃《六藝略説》云：其書本爲官法，不肄之於學校，斯所以稱説者稀，然傳者固未嘗絶。觀于二《戴記》，文同《周禮》者數條，而《盛德》篇説《周官》，全與《周禮》相（會）〔合〕[②]。其他《左氏内外傳》所載成周及列國官名、制度，大耑同於《周禮》者不可勝數。至仲尼乃明稱周公之籍法，尤與《周禮》若合符節。此可證《周禮》之書，宣尼實親見之也。《國語·魯語》仲尼曰："先王制土，籍田以力而砥其遠邇，賦里以入而量其有無，任力以夫而議其老幼。"下云："若子季孫欲其法也，則有周公之籍矣。"案：籍田以力砥其遠邇，賦里以入量其有無，與冢宰、司會九賦，及載師任地之法同符；任力以夫議其老幼，與冢宰九職，大府、内府、司會九功，閭師任民之法，及鄉大夫征民之法同符。下文明云"周公之籍"，是宣尼以此諸法制自周公。此一事也，既足證

①據《周禮注疏》乙正。
②據文義改。

《周禮》爲周公手定，又足證仲尼親見《周禮》。又云：今侃更以《魯語》載孔子説周公之籍、《左傳》載孔子説周公之典證之，益足以知《周禮》爲周公所定，周室所行，列國所遵，後世所不敢輕改。凡俗儒妄有詰難者，可以無譏矣。［顧棟高謂“孔子一生所稱引，無及今《周官》一字”，其説妄甚。］

十七事：《儒林傳》不載《左氏春秋》，與《世家》《年表》並不相牴觸。

康有爲曰：《儒林傳》述《春秋》，有《公羊》《穀梁》，而無《左傳》。史遷徵引《左氏》至多，如其傳經，安有不叙？《僞經考》二。

古文《尚書》見《儒林傳》，康謂《獻王》《恭王世家》何以不載？《左傳》見《十二諸侯年表》，康又謂《儒林傳》何以不載？豈史家記載一事，必須兩見邪？然余攷之《史記》，多不如此。如蕭何追亡，見《淮陰傳》，而《何世家》不載。何治宫室，見《高帝紀》，而《何世家》不載。韓信使人言假王，見《高帝紀》，而《淮陰傳》不載。漢王大怒而罵，陳平躡漢王，見《淮陰傳》，而《高帝紀》不載。酈食其請立六國後，漢王趣刻印，見《留侯傳》，而《高帝紀》不載。文帝夢上天，又賜鄧通蜀嚴道銅山，見《佞幸傳》，而《文帝紀》不載。申屠嘉檄召鄧通，責斬之，見《張丞相傳》，而《佞幸傳》不載。避免重復，此詳彼略，例固應爾，何得以《儒林》未載《左傳》，遂謂《十二諸侯年表》之説爲僞乎？況康既知史遷徵引《左氏》至多，則《年表》中《左氏》之非竄，尤其明顯。

十八事：《漢書·翟方進傳》言《左氏》爲劉歆師，傳贊書明彪譔，則《左氏》自非歆僞。

康有爲曰：歆陰竄易左氏《國語》爲編年，而以爲《春秋傳》。《僞經考》四。又曰：按歆古文之學，其傳授諸人名皆歆僞譔，而其發端則自《左氏》始。《左氏》書藏於秘府，人間不易見，自非史遷、劉向之倫，不可得讀也。《僞經考》五。

康此語謬妄已極。攷《漢書·翟方進傳》，方進受經博士，"受《春秋》，積十餘年"。又曰："方進雖受《穀梁》，然好《左氏傳》。"又曰："其《左氏》，則國師劉歆師。"夫方進爲丞相，其名豈歆僞譔？方進爲歆師，豈亦不得見《左氏傳》？《漢書·方進傳》載方進奏曰："昔季孫行父有言曰：見有善於君者愛之，若孝子之養父母也；見不善者誅之，若鷹鸇之逐鳥爵也。”此文本《左氏》文十八年傳，唯“禮”字作“善”，“養”字作“愛”。方進不見《左氏傳》，何能引其文而用其義邪？假令《左傳》係僞譔，其人應在方進之前，不當是方進之弟子劉歆。儻《左傳》係歆僞造，方進何從先歆而好之，又何能以《左氏》爲歆之師？此足證明康説之謬。《後漢書·馮異傳》：“好讀書，通《左氏春秋》。”是異在民間已見《左氏傳》。異與歆同時人。若云《漢書》是歆譔，方進好《左氏》，亦歆僞造，則《漢書·方進傳》贊已大書“司徒掾班彪曰”。明明彪譔，非如《西京雜記》言是劉歆所譔也。又《漢書·韋玄成傳》曰：“《春秋左氏傳》：名位不同，禮亦異數。”《玄成傳》贊書“司徒掾班彪曰”，亦明明非歆所譔。若云彪、歆同時，彪或受歆意作僞，則彪譔《後傳》時，歆已失敗自殺矣，何從以意授彪？況彪主復漢，爲融畫策，見《後漢書·彪傳》。與歆宗旨不同，行爲亦異。彪、歆相反，事實上無從黨同作僞。吾故曰：據《漢書》韋玄成、翟方進兩傳，足以斷定《左氏傳》傳之自劉歆以前，決非歆之作僞。《漢書·儒林傳》曰：《穀梁》議郎尹更始，“又受《左氏傳》，取其變理合者以爲章句，傳子咸及翟方進、琅邪房鳳”。其師承固不誤也。或曰：《韋玄成傳》載歆之言，豈足據邪？余應之曰：歆言而彪述之，則彪已承認有《左傳》矣。彪、歆同時，歆如作僞，彪豈不知？

十九事：《漢書·司馬遷傳》、《後漢書》載班彪《略論》，均稱左丘明作《傳》，足徵《左傳》非歆所僞。

康有爲曰：《漢書·司馬遷傳》稱：“司馬遷據左氏《國語》，采《世本》《戰國策》，述《楚漢春秋》。”《史記·太史公自序》及報任安，俱言：“左丘失明，厥有《國語》。”《報任安書》下又云：“乃如左丘明無目，孫子斷足，終不可用，退論書策以抒其憤。”凡三言左丘明，俱稱《國語》，然則左丘明所作，史遷所據，《國語》而已，無所謂《春秋傳》也。又曰：歆分《國語》以釋經，而爲《左氏傳》。《僞經考》三。

康此説實欺人已甚。尋《漢書·司馬遷傳》，上文有曰：“及孔子因魯史記而作《春秋》，而左丘明論輯其本事㠯爲之《傳》，又籑異同爲《國語》。”是《漢書·遷傳》已大書特書左丘明作《春秋傳》，何得云無？康氏援引下文“司馬遷據左氏《國語》”，而末殺其上文“左丘明爲之《傳》”，此非欺人而何？康氏讀書多通，不應鹵莽滅裂若此。其若此者，欺人之談也。況《遷傳》上文明言左丘明爲《傳》、爲《國語》，則下文所言“據《左氏》《國語》”，當然指《左氏傳》及《國語》而言。王念孫曰：“《左氏》下脱《春秋》二字，則文義不全。《漢紀·孝武紀》引此贊，正作‘據《左氏春秋》《國語》’，此其證也。”不特此也。《後漢書·班彪傳》載彪《略論》曰：“定、哀之間，魯君子左丘明論集其文，作《左氏傳》三十篇，又譔異同，號曰《國語》，二十〔一〕[①]篇。”下又曰：“太史令司馬遷採《左氏》《國語》。”是班氏父子均承認丘明作《左氏傳》，固譔《遷傳》係本諸乃父之《略論》，家學淵源，當然不能誣爲歆所譔。據《漢書·叙傳》，成帝賜班斿以祕書之副。斿爲彪之叔父。祕書者，中祕書也，古文《左氏傳》在焉，彪父子自然見之，其言有本，亦不能詆爲歆所紿也。《論衡·案書》篇曰：“《國語》，《左氏》之外傳也。《左氏》傳經，辭語尚略，故復選録

①據《後漢書》補。

《國語》之辭以實。然則《左氏》《國語》，世儒之實書也。”充此言當本之彪，其說《左傳》之外，何以復作《國語》，理由充足，較彪說更爲明顯。康云“分《國語》以釋經，而爲《左氏傳》”，固不如充說《左氏》傳經而辭略，故復録《國語》以實之也。定一謂：充承師說，康言無徵，無徵民弗信矣。劉逢禄《左氏春秋考證》云：“劉歆等改《左氏》爲傳《春秋》之書。”又曰：“歆改竄《左氏》，而曰子叔姬妃昭公。”其言均無據，不足徵也，且亦無分改《國語》爲《左傳》之說。《史記·十二諸侯年表》既曰“成《左氏春秋》”，又曰：“表見《春秋》《國語》，學者盛衰大指著於篇。”明明《左氏春秋》與《國語》各自爲書，何得云《左傳》由《國語》分出哉！

二十事：子夏、孟子、荀卿、韓非之倫用《左傳》，證明《左氏》實傳《春秋》，劉歆引傳解經，實有所本。

康有爲曰：歆思借以立異，校書時發得左氏《國語》，乃引傳解經，自爲《春秋》之一家。《僞經考》五。

《左氏》本傳《春秋》。其解經也，原不待引，唯歆時《春秋》古經十二篇，《左氏傳》三十卷，經傳單行，不相附麗，故解經須引傳耳。今攷子夏、孟子、荀卿、韓非之倫用《左傳》，足徵歆所引傳，傳實先師遺傳之册，非贋鼎也。兹列其證如下。《韓非·外儲説右上》：“子夏曰：《春秋》之記臣殺君、子殺父者，以十數矣，皆非一日之積也，有漸而以至矣。凡姦者行久而成積，積成而力多，力多而能殺，故明主早絶之。”又稱：“故子夏曰：善持勢者，蚤絶姦之萌。”攷此言即《左》宣四年“凡弑君，稱君，（居）〔君〕[①]無道”之誼，謂君不能蚤絶姦萌以遭殺，即無道也。子夏明言《春秋》之記，是子夏爲傳《春秋》。《左氏》之誼與之同，其爲傳《春秋》無疑矣。證一。《孟子·萬章下》曰：“齊景公田，招虞人以旌，不至，將殺之。志士不忘在溝壑，勇士不忘喪其元，孔子奚取焉？取非其招不往也。曰：敢問招虞人何以？曰：以皮冠。庶人以旃，士以旂，大夫以旌。以大夫之招招虞人，虞人死不敢往。以士之招招庶人，庶人豈敢往哉？”攷此文全本《左氏》昭公二十年傳，《公》《穀》無其文。孟子明言孔子奚取，則《左氏》之祖孔子也益信。范升謂

①據《左傳》改。

不祖孔子者，實巨謬矣。證二。《韓詩外傳》四載孫子即荀子。謝春申君："故《春秋》之志曰：楚王之子圍，聘於鄭，未出境，聞王疾，返問疾，遂以冠纓絞王而殺之，因自立。"攷此事本之《左氏》昭公元年傳，《公》《穀》無王子圍問疾絞殺之文。荀子明言《春秋》之志，則《左氏》傳《春秋》之據也。證三。《韓非·外儲說左上》載晉文公攻原事，末言孔子聞而記之曰："攻原得衛者，信也。"攷此文本《左氏》僖公二十五年傳，《公》《穀》無其文。韓非明言孔子記之，則《左氏》實傳《春秋》。證四。綜上四證，足徵《春秋左氏傳》之名實有所本。或曰：《左氏》如傳《春秋》，何以有無傳之經，復有無經之傳？定一按：有經無傳，《公》《穀》有之，不失爲傳經也。有傳無經，則《易大傳》即《繫辭》，見《史記·自序》。及《尚書大傳》不盡解經，韓嬰《詩外傳》且采雜説，至非其本義，皆以傳名。《左氏》依經述事，有何不可？況即《左》例而言，杜預已申明之矣。杜氏曰："傳或先經以始事，或後經以終義，或依經以辯理，或錯經以合義，隨義而發。"杜此言是也。先後依錯，固不必傳中事事皆有經也。皮鹿門氏曰：《春秋通論》。"經止哀十六年，而傳則終于二十七年。如依杜説，此十有一年之傳，爲先後何經，依錯何經邪？”定一謂：此十一年傳，在《左傳》之末，蓋後人坿益，猶《史記》有褚補，《漢書》有昭續也。褚先生自名，班昭事見《後漢書》，人得知之。附益《左氏》者未題名，又不見他書，人遂莫由知爾。《四庫全書總目》曰：“經止獲麟，而弟子續至孔子卒。傳載智伯之亡，殆亦後人所續。《史記·司馬相如傳》有揚雄之語，不能執是一事，指司馬遷爲後漢人也。則載及智伯之説，不足疑也。”《總目》此論，足釋皮君之疑。《左氏》傳經之不誤，益憭然矣。

廿一事：漢朝制禮用《左傳》，今文家復多用《左傳》之言，即龔勝、師丹，亦援引而不以爲僞，且公認爲傳《春秋》。

康有爲曰：孔光、龔勝、師丹皆大儒，知其僞，故不肯助也。《僞經考》五。

康以龔勝、師丹反抗《左氏》立學，遂加以“知其僞”三字。此猶“莫須有”三字也，何足服人？攷勝、丹無僞《左傳》之説，不但不以爲僞，且彰明較著引用其文。不但勝、丹，漢今文家之引《左傳》者甚夥，即開國制禮，亦以《左氏》爲依歸。兹分述之，以申其恉。《五經異義》曰：“《左氏》說：天子至尊無敵，故無親迎之禮。諸侯有故，若疾病，則使上大夫迎，上親臨之。許氏謹案：高祖時，皇太子納妃，叔孫通制禮，以爲天子無親迎。從《左氏》議也。”證一。《異議》又曰：“古《春秋左氏》說：古者先王日祭於祖、考，月薦於曾、高，時享及二祧，歲禱於壇，禘及郊宗石室。謹案：叔孫通宗廟有日祭之禮，自古而然也。”此亦從《左氏》說也。證二。《史記·高祖紀》曰：“以沛宫爲高祖原廟。”裴駰云：“原者，再也。先既已立廟，今又再立，故謂之原廟。”定一攷《左傳》莊公二十八年：“凡邑，有宗廟先君之主曰都。”此言祖廟可分立於國都之外，漢立原廟，從《左氏》說也。證三。《漢書·梅福傳》曰：“至成帝時，梅福復言封孔子後目奉湯祀。綏和元年，立二王後，推迹古文，目《左氏》《穀梁》《世本》《禮記》相明，遂下詔封孔子世爲殷紹嘉公。”此漢封孔子用《左氏》也。證四。《漢書·霍去病傳》：“上曰：可謂能舍服知成而止矣。”師古曰：“服而舍之，功成則止矣。”攷“服而舍之”，《左傳》隱十一年、又僖十五年，均有此語。此漢軍禮用《左氏》也。證五。《春秋繁露・王道》篇曰："恩衞葆。"此用《左氏》莊六年經"齊人來歸衞俘"之文也。攷"葆"从艸、保聲，《説文・人部》："保，从人、从采省。采，古文孚。"是"葆""俘"得通用之證。若是衞寶，不得言"恩"。下文言"以正囹圄之平也"，其爲俘囚明矣。此董子用《左氏》也。董子，治《公羊》者。證六。《春秋繁露・五行順逆》篇曰："出則祠兵，入則振旅。"攷《左氏》隱五年傳："三年而治兵，入而振旅。"《公》《穀》無其文，此董子用《左傳》也。證七。《漢書・五行志中》曰："隱公五年秋，螟。董仲舒、劉向吕爲：時公觀漁于棠，貪利之應也。"攷《公》《穀》觀魚事無貪利説，唯隱五年《左傳》莊僖伯云"山林川澤之實，器用之資"數語，足當董、劉之説。是董、劉采《左氏》説也。證八。《五行志下》曰："董仲舒、劉向吕爲：先是楚商臣弑父而立，至于嚴王遂彊，〔諸〕[①]夏大國唯有齊、晉。齊、晉新有篡弑之禍，内皆未安。故楚乘弱横行，八年之間，六侵伐而一滅國，

①據《漢書》補。

伐陸渾戎，觀兵周室。”攷此事本《左氏》宣三年傳，《公》《穀》無觀兵事。此董、劉用《左氏》説也。證九。《韓詩外傳》二曰：“衛懿公之時，有臣曰弘演者，受命而使，未反，而狄人攻衛。於是懿公欲興師迎之，其民皆曰：‘君之所貴而有禄位者鶴也，所愛者宫人也，亦使鶴與宫人戰，余安能戰？’遂潰而皆去。狄人至，攻懿公於熒澤，殺之。”攷此事全本《左氏》閔二年傳，《公》《穀》無好鶴民潰之文，然則韓嬰實引《左傳》，不但與之合也。證十。《韓詩外傳》四載孫子謝春申君曰：“齊崔（舒）〔杼〕[①]之妻美，莊公通之。崔（舒）〔杼〕[②]不許，欲自刃於廟。莊公走出，踰於外牆，射中其股，遂殺而立其弟景公。”攷此事係本《左氏》襄公二十五年傳，《公》《穀》無自刃踰牆射股之事。是韓用《左傳》文也。證十一。《史記·吴太伯世家》載吴季札聘魯觀樂，歷使齊、鄭、衛、晉，全本《左氏》襄二十九年傳，《史記》世家用《左傳》如此類者甚多。《公》《穀》無其文。證十二。《漢書·杜鄴傳》鄴曰：“皇甫雖盛，三桓雖隆，魯爲作三

---

①②據《韓詩外傳》改。

軍，天子無目甚此。”攷此文本之《左氏》襄十一年傳，《公》《穀》言“作三軍”，無三家分公室之文也。鄴，治《齊詩》者。證十三。《漢書·翼奉傳》奉上封事曰：“是目王者忌子卯也，《禮經》避之，《春秋》諱焉。”攷忌子卯爲疾日，見《左氏》昭九年傳，《公》《穀》無其文。《公羊》莊二十二年何注云：“謂子卯日也。夏以卯日亡，殷以子日亡。先王嘗以此日省吉事，不忍舉云云。”蓋暗襲《左氏》也。奉，治《齊詩》者。證十四。《漢書·馮野王傳》杜欽曰：“《傳》曰：賞疑從予，所以廣恩勸功也；罰疑從去，所以慎刑闕難知也。”攷此用《左傳》襄二十六年蔡聲子語。欽用《韓詩》，蓋習《韓詩》者。證十五。《漢書·師丹傳》丹上書言：“臣聞天威不違顔咫尺。”攷此語本之《左氏》僖九年傳，《公》《穀》無其文。丹，治《齊詩》者。證十六。《漢書·朱博傳》：“諫大夫龔勝等十四人目爲：《春秋》之義，姦目事君，常刑不舍。魯大夫叔孫僑如欲顓公室，譖其族兄季孫行父於晉，晉執囚行父目亂魯國，《春秋》重而書之。”攷姦有常刑不赦見《左》文十八年傳，僑如欲顓公室而譖行父見《左》成十六年傳，《公》《穀》均無其文。此勝等用

《左氏傳》也。勝用《左傳》，而申明之曰"《春秋》重而書之"，即公認《左氏》傳《春秋》也。勝，治歐陽《尚書》者。證十七。觀上十七證，前五事證明漢代禮制從《左氏》，後十二事合下列劉向《説苑》《新序》《五行志》述《左》，計二十五事，皆西漢今文家引用《左傳》，灼然無疑者。馬、杜猶可説兼治古文，韓嬰、董仲舒則純乎今學説也，乃亦引《左氏》，是可珍重矣。其最異者，龔勝、師丹，反抗《左氏》立學最力，勝乞罷，丹大怒，見《劉歆傳》。其仇視《左氏》甚矣，乃丹上書，勝等廷議，均引用《左傳》，斑斑可考，始知勝、丹反抗，全然黨同妒真，挾恐見破之私意，蓋利禄之路然也。其未一語攻歆作僞者，則以《左傳》三事本不僞也。不然，豈有不發其覆，而反引用其文哉！

廿二事：賈誼《新書》、張敞封事，引《左傳》文十事，證實賈、張實修《春秋左氏傳》。

康有爲曰：託之河間、張蒼、賈誼、張敞名臣通學，以張其名。《僞經考》三上。又曰：賈生所著述，存者五十八篇，《大都》篇一事，《春秋》篇九事，《先醒》篇三事，

《耳痺》篇一事，《喻誠》篇一事，《退讓》篇二事，皆與《左氏》不合。唯《禮容》篇一事似采《左》，二事似采《國語》耳。蓋歆見其偶有引用，即誣以爲《左氏訓故》。《僞經考》五。又曰：誼爲李斯再傳弟子，其書未有一字及《左傳》也。《僞經考》六。又曰：敞治《春秋》，以經術自輔。其上封事引《春秋》譏世卿，皆用今文，安有所謂古字？《僞經考》八。又曰：恐張敞古文字亦歆所杜譔耳。《僞經考》三下。

誼爲《左氏傳訓故》，其書已亡，今無法以求得其書。唯誼之引《左傳》，實數見不鮮。康云偶有引用者，則確實爲誣。兹即《新書》以攷之，可證賈生本治《左氏傳》。《容經》篇曰："明君在位可畏，施舍可愛，進退可度，周旋可則，容貌可觀，作事可法，德行可象，聲氣可樂，動作有文，言語有章，以承其上，以接其等，以臨其下。"又曰："夫有威而可畏謂之威，有儀而可象謂之文。富不可爲量，多不可爲數。故《詩》曰：威儀棣棣，不可選也。"攷此文全本之《左氏》襄三十一年傳。證一。《淮難》篇曰："白公勝所爲父報仇者，報大父與諸伯父叔也。令尹子西、司馬子綦，皆親羣父也，無不盡傷。昔者白公之爲亂也。”又曰：“白公成亂也，有白公之衆也。”攷此事全本《左氏》哀十六年傳。證二。《淮難》篇又曰：“闔閭、故然使鱄諸刺吴王僚。”攷此事本之《左氏》昭二十七年傳。證三。《連語》篇曰：“所謂中主者，齊桓公是也。得管仲、隰朋，則九合諸侯；豎貂、子牙，則餓死胡宫，蟲流而不得葬。”攷桓公得管仲，見《左氏》莊九年傳。證四。《春秋》篇曰：“衛懿公喜鶴，鶴有飾以文繡。及翟伐衛，寇挾蝶矣，衛君垂淚而拜其臣民曰：寇迫矣，士民其勉之。士民曰：君亦將君之愛鶴以爲君戰矣，我儕棄人也，安能守戰？乃潰門而出走。翟寇遂入，衛君奔死，遂喪其國。”攷此事本之《左氏》閔二年傳，《公》《穀》無其文。證五。《耳痺》篇曰：“楚平王有臣曰伍子胥，王殺其父而無其罪，奔走而之吴。”又曰：“提邦以伐楚，五戰而五勝，伏尸數十萬，城郢之門，執高兵，傷五臟之實，毁十龍之鍾，撻平王之墓。昭王失國，妻生虜而入吴。”攷此事本之《左氏》定四年傳，《公》《穀》雖有吴入楚之文，然無五戰五勝以入郢之説。證六。《禮容》篇曰：“魯叔孫昭聘于宋，宋元公與之燕飲酒樂，昭子右坐，歌終而語，因相泣也。樂祁曰：過哉，君非哀所也。

已而告人曰：今兹君與叔孫，其皆死乎。吾聞之，哀樂而樂哀，皆喪心也。心之精爽，是謂魂魄。魂魄已失，何以能久？”攷此文全本《左氏》昭二十五年傳。證七。《屬遠》篇曰：“古者天子地方千里，而公侯地百里。”攷此語本之《左氏》襄二十五年傳。彼云一圻，即方千里；彼云一同，即方百里也。證八。綜此八證，確出《左傳》而非《公》《穀》，則誼之傳《左氏傳》已無疑義。誼在歆前，上歷七君，誼時有《左傳》，奚云歆僞？若張敞者，今文而兼古文者也。《漢書·敞傳》曰：“敞聞之，上封事曰：臣聞公子季友有功於魯，大夫趙衰有功於晉，大夫田完有功於齊，皆疇其官邑，延及子孫。終後田氏簒齊，趙氏分晉，季氏顓魯。故仲尼作《春秋》，迹盛衰，譏世卿最甚。”又曰：“然敞本治《春秋》，以經術自輔。”周壽昌曰：“敞蓋治《左氏春秋》。前封事所引公子季友、晉趙衰、齊田完等事，皆與《左傳》合。”定一謂：周説是。《漢書·郊祀志》曰：“張敞好古文字，按鼎銘勒而上議。”《藝文志》曰：“《蒼頡》多古字，俗師失其讀。宣帝時，徵齊人能正讀者，張敞從受之。”張氏習古文學，事實俱在，但引《春秋》譏世卿，則確係今文也。敞蓋今古文兼之矣。敞爲西漢大儒，乃歆之父執輩，其治古學，在歆前四十餘年。按鼎公諸廟堂，受讀緣于朝命，共聞共見，豈容憑虛？況敞學傳至外孫之子杜林，見《藝文志》。世之言小學者稱杜公。見《杜鄴傳》。以《後漢書·林傳》證之，林確係講古文者。史迹彪炳，豈歆所能僞乎？敞在歆前，猶可誣以歆僞，林成名在東漢，歆無法僞之矣。

廿三事：《左氏》往往與今文相合，非歆立僞。

康有爲曰：歆諸經皆託之於人，唯《左傳》則任之於己。以《左傳》爲歆立僞經之根本，故不能託之人也。《僞經考》五。

《左傳》往往與今文合，略舉數則，足證非歆立僞也。一、隱三年傳云："衛莊公娶於齊東宮得臣之妹，曰莊姜，美而無子，衛人所爲賦《碩人》也。"攷《列女傳·齊女傅母》篇載魯説，與《左》全符。此《左傳》與《魯詩》合也。二、桓十六年傳："宣姜與公子朔搆急子，公使諸齊，使盜待諸莘，將殺之。"又曰："壽子載其旌以先，盜殺之。急子至，曰：我之求也。此何罪？請殺我乎？又殺之。"攷《新序·節士》篇載《魯詩·二子乘舟》説，與

《左》相應。此《左傳》與《魯詩》合也。三、閔二年傳："衛立戴公以廬于曹，許穆夫人賦《載馳》。齊侯使公子無虧帥車三百乘、甲士三千人以戍曹。"考《詩·載馳》正義引《樂稽耀嘉》曰："敵人與衛戰，桓公不救，於其敗也，然後救之。"宋均注："救，謂使公子無虧（成）〔戍〕①之。"緯書蓋用《齊詩》説，與《左》無異。此《左傳》與《齊詩》合也。四、文六年傳："秦伯任好卒，以子車氏之三子奄息、仲行、鍼虎爲殉，皆秦之良也，國人哀之，爲之賦《黄鳥》。"攷《漢書·叙傳》"以人爲殉，《詩》歌《黄鳥》"，應劭注用《魯詩》説；《匡衡傳》"秦穆貴信，士多從死"，用《齊詩》説，與《左》一致。此《左傳》與《齊詩》合也。五、莊二十四年經："夏，公如齊逆女。秋，八月，丁丑，夫人姜氏入。"《左傳注》："哀姜也。"《公羊傳》以爲姜氏要公，不與公俱入，蓋以孟任故，丁丑入而明日乃朝廟。又注：姜氏，齊襄公女。攷《易林·屯之大過》："襄嫁季女，至于蕩道。齊子旦夕，留連久處。"此用《齊詩》説，與《公羊》何、《左

---

①據《毛詩正義》改。

傳》杜兩注夫人稽留不與公俱入情事合，與《載驅》詩文合，而與毛《傳》刺襄公之言異。此《左傳》與《齊詩》合也。六、《五經異義》曰："古《春秋左氏傳》：'禹會諸侯於塗山，執玉帛者萬國。'唐虞之地萬里，容百里地萬國，其侯伯七十里，子男五十里，餘爲天子閒田。謹按：《易》曰'萬國咸寧'，《書》曰'協和萬邦'，從《左氏》説。"此《左傳》同今文《易》也。七、《異義》曰："謹按：《尚書》堯命羲、和，'欽若昊天'，總敕四時，知'昊天'不獨春。《春秋左氏》曰：'夏，四月，乙丑，孔子卒。'稱'旻天不弔'，時非秋天。"此《左傳》同今《尚書》説也。八、《異義》曰："古《春秋左氏》説：既葬，反虞。天子九虞。九虞者，以柔日，九虞十六日也。諸侯七虞，十二日也。大夫五虞，八日也。士三虞，四日也。既虞，然後袝死者於（光）〔先〕[①]死者。袝而作主，謂桑主也。期年，然後作栗主。許慎謹按：《左氏》説與《禮記》同。"九、《異義》曰："《公羊》説：存二王之後，所以通天三統之義。古《春秋左氏》説：周家封

①據《禮記正義》改。

夏、殷二王之後，以爲上公；封黄帝、堯、舜之後，謂之三恪。”此《左傳》同《公羊》也。觀斯九事，《左傳》説《詩》，同乎三家今文，而異乎毛之古文。其説萬國、旻天、虞主、存二王後，則均同乎今文《易》《書》《禮》及《公羊》也。夫同乎今文，康不能詆爲僞；異乎古文，康更不能不認爲真。豈有歆僞造古文《左傳》，而其説反與今文之《詩》同，且與自造之古文經違異乎？此可斷其必無是事矣。

廿四事：攻擊古學最力之范升，承認《左氏》出於丘明。

康有爲曰：升言《左氏》不祖孔子而出於丘明，及《費》《左》二學無有本師，已足以勝之矣。《僞經考》七。

《後漢書·范升傳》：“帝曰：范博士可前平説。升起，對曰：《左氏》不祖孔子而出於丘明。”是范升已明明認定《左氏》爲丘明作。倘若係歆僞譔，升猶及與歆並世，豈有不知？升攻擊《左氏》最力，豈有知而不言？升之言見《元傳》者，止云“《左氏》淺末，不宜立”；見

《升傳》者，止云“《費》《左》二學無有本師，而多反異”，及奏《左氏》之失凡十四事，又上太史公違戾五經、謬孔子言、《左氏春秋》不可録三十一事。處處皆證明《費氏易》《左氏春秋》實有其書，無一字涉及僞譔。是時歆已自殺，莽已誅戮，講古學者之勢力全歸消滅，如《費》《左》果是僞譔，升何至不言？此可斷爲必無之事。《陳元傳》曰：“范升復與元相辯難，凡十餘上。帝卒立《左氏》學。”若《左》出於歆譔，光武爲撲滅歆、莽之人，决不至以其僞書立學。又《後漢書·儒林·尹敏傳》云：“初習《歐陽尚書》，後受古文，兼善《毛詩》《穀梁》《左氏春秋》。”是敏習今文學者，若《左氏春秋》全僞，敏何至習而善之？敏亦與歆並世，若歆僞造《左傳》，何得不知？《李育傳》云：“頗涉獵古學，嘗讀《左氏傳》，雖樂文采，然謂不得聖人深意，以爲前世陳元、范升之徒，更相非折，而多引圖讖，不據理體。於是作難《左氏》義四十一事。”又：“育以《公羊》義難賈逵，往返皆有理證。”從未説及《左氏》之僞。况孔穎達《左傳疏》引沈氏云：“《嚴氏春秋》引《觀周》篇云：孔子將修《春秋》，與左丘明乘如周，觀書于周史，歸而修《春秋》

之經，丘明爲之傳，共爲表裏。”此與《藝文志》之言符合。《藝文志》曰：“仲尼思存先聖之業，以魯周公之國，禮文備物，史官有法，故與左丘明觀其史記，丘明論本事而作傳，明夫子不以空言説經也。”攷《隋書·經籍志》，《春秋左氏圖》十卷，漢太子太傅嚴彭祖撰，則嚴固兼習《左傳》者。其言《左氏》爲傳，自有所本，尤足證《左傳》是丘明所作。若皮鹿門氏疑劉歆博極羣書，“何不引《嚴氏春秋》以駁博士”。不知當時博士既承認《左氏》出於丘明，已同嚴説，歆自毋庸再引。總之歆不引嚴，不能斷定沈引《嚴氏春秋》爲僞。至《升傳》述升云“師徒相傳，又無其人”，而《陳元傳》則云“臣元愚鄙，嘗傳師言”，則陳元之於《左氏》學，實有師之傳授。不過《左氏》自漢元以來未立學，傳者絶少，故升謂“無其人”耳。不然，《漢書·儒林傳》與《左傳疏》引劉向《別録》所稱《左氏》傳授源流甚晰，何得云“無其人”？《儒林傳》《別録》可詆爲僞竄，陳元之奏光武，豈敢僞乎？

廿五事：桓譚、王充均説劉向好《左氏》，證以《説苑》《新序》《五行志》《列女傳》，向説多本《左傳》。

康有爲曰：今爲之證其僞曰：歆任校書，向亦任校書。凡歆所見之書，向亦見之，歆不能出向外也。以向説考歆，無不鑿枘。向則今學説也，歆則古學説也，則真僞具白矣。又曰：倘以歆之説爲可信乎，則向説其反僞邪，非歟？《僞經考》十四。

向習今文，亦好古學，非與歆鑿枘不相入也，且沆瀣焉。《論衡·書案》篇曰："劉子政玩弄《左氏》，童僕、妻子皆呻吟之。"云子呻吟者，謂劉歆也。父玩弄而子呻吟，家學淵源也。元本《北堂書鈔》九十八引桓譚《新論》云："劉子政、子駿、伯玉三人，尤珍重《左氏》，教子孫下至婦女，無不讀誦。"案桓譚與向、歆同時，其言當有所見。今檢《説苑》《新序》《漢書》《五行志》，向説本《左傳》者實繁有徒，於是桓譚、王充之説諗矣。兹略舉如下。《説苑·復恩》篇曰："楚人獻黿於鄭靈公，公子家見，公子宋之食指動，謂子家曰：我如是必嘗異味。及食大夫黿，召公子宋而不與，公子宋怒，染指於鼎，嘗之而出。公怒，欲殺之。公子宋與公子家謀先，遂弑靈公。"攷此事全本《左氏》宣四年傳，《公》《穀》無其文。證一。《復恩》篇又曰："鄭伐宋，宋人將與戰。華元殺羊食士，其御羊斟不與焉。及戰，曰：疇昔之羊，子爲政；今日之事，我爲政。與華元馳入鄭師，宋人敗績。”攷此事全本《左氏》宣二年傳，《公》《穀》無其文。證二。《説苑·正諫》篇曰：“吴王聞齊景公死，而大臣争寵，新君弱，乃興師北伐齊。”又曰：“伍子胥諫曰：夫越，腹心之疾。今信其游辭僞詐而貪齊，譬猶石田，無所用之。《盤庚》曰：古人有顛越不恭，是商所以興也。”又曰：“吴王不聽，使子胥於齊，乃屬其子於齊鮑氏而歸。”又曰：“乃使使賜子胥屬鏤之劍，曰：子以此死。”此事全本《左氏》哀十一年傳，《公》《穀》無其文。證三。《新序·雜事》四曰：“鄭人游于鄉校，以議執政之善否。至仲尼聞是語也，曰：以是觀之，人謂子産不仁，吾不信也。”攷此文計三十二句，全本《左氏》襄三十一年傳，《公》《穀》無其文。證四。《新序·節士》篇載：“申包胥赴秦乞師，依於庭牆立哭，日夜不絶聲，水漿不入口，七日七夜。秦哀公爲賦《無衣》之詩，言兵今出。包胥九頓首而坐，卒大敗吴師。”攷此事亦見《説苑·至公》篇，全本《左氏》定四年傳，《公》《穀》無其文。證五。《新序·善謀》篇曰“晉文公、秦穆公共圍鄭，以其無禮而附於楚。鄭大夫佚之狐言於鄭君曰”，至“吾其還矣，亦去”等語。攷此文五十四語，全本《左氏》僖三十一年傳，《公》《穀》無其文。證六。《新序·善謀》篇“秦伯師于河上，將納王。狐偃言於晉文公曰”云云，至“晉於是始開南陽之地”等語。此四十四語，全本《左氏》僖二十五年傳，《公》《穀》無其文。證七。《新序·義勇》篇曰：“衛懿公有臣曰弘演，遠使未還，狄人攻衛。其民曰：君之所與禄位者鶴也，所富者宫人也。君使宫人與鶴戰，余焉能戰？遂潰而去。狄人追及懿公於祭澤，殺之，盡食其肉，獨舍其肝。”攷此事本之《左氏》閔二年傳，《公》《穀》無其文。證八。《漢書·五行志上》曰：“劉向以爲：先是宋公聽讒而殺太子痤，應火不炎上之罰也。”攷此説本之《左氏》襄二十六年傳，《公》《穀》止云“宋公殺其世子痤”，并無聽讒之説也。證九。《五行志上》又曰：“《左氏傳》曰：昭公八年春，石言於晉。劉歆以爲金石同類。劉向以爲石白色爲主，屬白祥。”攷《公》《穀》無石言事，向説全本《左氏》也。證十。《五行志下》曰：“《左氏傳》：魯嚴公時，有内蛇與外蛇鬭鄭南門中，内蛇死。劉向以爲近蛇孽也。”攷

《公》《穀》莊公十四年無蛇鬬事。證十一。《五行志下》又曰："《左氏傳》昭公十九年，龍鬬於鄭時門之外洧淵。劉向㠯爲近龍孽也。"攷《公》《穀》是年無龍鬬事。證十二。《五行志下》又曰："《左氏傳》文公十六年夏，有蛇自泉宫出，入于國，如先君之數。劉向以爲近蛇孽也。"攷《公》《穀》是年無蛇出事。證十三。《列女傳三·曹僖氏妻》："曹大夫僖負羈之妻也。晉公子重耳亡過曹，恭公不禮焉，聞其駢脅，近其舍，伺其將浴，設微薄而觀之。負羈之妻言於夫曰：吾觀晉公子，其從者三人，皆國相也以。此三人者，皆善戮力以輔人，必得晉國。若得反國，必霸諸侯，而討無禮，曹必爲首。若曹有難，子必不免。子胡不早自貳焉？"又曰："負羈乃遺之壺飡，加璧其上。公子受飡反璧。"定一按：此文全本《左氏》僖二十三年傳，《公》《穀》無其文。證十四。《列女傳七·晉獻驪姬》："驪姬者，驪戎之女，晉獻公之夫人也。"又曰："獻公伐驪戎，克之，獲驪姬以歸。"定一按：此事本之《左氏》莊二十八年傳，《公羊傳》僖十年衹云："驪姬者，國色也，獻公愛之甚。"《穀梁》僖十年傳衹云："晉獻公伐虢，得驪姬，獻公私之。"皆與《列女傳》不合。證十五。又《列女傳七·魯宣繆姜傳》："喬如與繆姜謀去季孟，而擅魯國。"又曰："貨晉大夫，使執季孫行父而止之，許殺仲孫蔑，以魯士晉爲内臣。"定一按：此見《左氏》成十六年傳，《公》《穀》無宣伯使晉執季孫行父及季孟擅魯之事。證十六。又《列女傳七·齊東郭姜傳》所載：姜爲棠公之妻，有美色，崔子悦而娶之。莊公戲姜如崔氏，姜與崔子自側户出。公請盟，弗許，踰牆，射中踵，反墮，遂弑公。此全本之《左氏》襄二十五年傳，攷《公羊》祇云"齊崔杼弑其君光"，《穀梁》祇云"莊公失言，淫于崔氏"，與《列女傳》事實不合。證十七。就上十七證觀之，向之珍重《左氏》彰彰矣。吾以向說考歆，洵可謂箕裘克紹者。倘以歆說歆主《左氏》立學。爲不足信乎，則向說不亦僞邪？康其何說㠯處此也？

卷四

廿六事：《説文》采用今文學。康謂《説文》皆僞古，不攻自破。

康有爲曰：其《説文》皆僞古學。近世尊許尤甚，豈知其爲僞學之毗佐哉！許慎純古學家，不似鄭玄古今雜揉也。《僞經考》九。

《説文叙》云："其稱《易》孟氏、《書》孔氏、《詩》毛氏、《禮·周官》、《春秋》左氏、《論語》《孝經》，皆古文也。"然覈之許書引經，實際多今文學。玆舉其證如下。《説文·卜部》"貞"下云："京房所説。"又《示部》："禔，安福也。从示，是聲。《易》曰：禔既平。"段注："《周易·坎》九五：'祇既平。'《釋文》：'京作禔。'按許自叙所稱《易》孟氏，京房受《易》焦延壽，延壽從孟喜問《易》。虞自言："臣高祖光、曾祖成、祖風、父歆，皆治孟氏《易》，至臣五世。"翻注此爻云：'祇，安也。'然則孟《易》作'禔'訓

‘安’甚明。翻本作‘衹’，謂‘衹’即‘禔’之假借，與《何人斯》鄭箋正同。”定一按：《釋文》云京作“禔”，《説文》同，明言《説文》同京《易》。京房今文學也。證一。《辵部》：“遄，往來數也。从辵，耑聲。《易》曰：㠯事遄往。”今《易・損》初九爻辭作“已事遄往”，《釋文》：“已音以，本亦作以，虞作祀。”定一攷“㠯”“已”一字，但有古今文之别。《論語・微子》篇“其斯而已矣”，漢石經作“其斯而㠯乎”。漢石經今文也，許引《易》作“㠯”，與今文《論語》同。證二。《手部》：“抍，上舉也。从手，升聲。《易》曰：抍馬壯吉。”定一按：《隸釋八・孔彪碑》“抍馬蠲害”，彪卒于建寧四年，碑用今文《易》。證三。《山部》“嵎”下云：“一曰嵎鐵崵谷也。”攷《史記・夏本紀》“堣夷既略”，《索隱》：“按今文《尚書》及《帝命驗》並作禺鐵，在遼西。”嵎鐵，即“禺鐵”也。證四。《𠫓部》：“育，養子使作善也。从𠫓，肉聲。《虞書》曰：教育子。”陳喬樅曰：“《歐陽尚書》作‘育子’，而《史記》以訓詁字代之，故言‘教穉子’。物穉，不可以不養也。許所云‘養子使作善’，即馬所云‘教長天下之子弟’。長、養義通，則叔重所稱《尚書》當爲歐陽説，季長之訓亦用《尚書》歐陽説也。”定一按：陳説是。揚雄《宗正箴》曰：“各有育子，世以不錯。”亦今文《尚書》作“育子”之證。證五。《玉部》：“玕，琅玕也。从玉，干聲。《禹貢》：雝州球琳琅玕。琕，古文玕。”按：古文既作“琕”，則“琅玕”爲今文矣。證六。《马部》：“甹，本生條也。从马，由聲。《商書》曰：若顛木之有甹枿。古文言由枿。”既云“古文言由枿”，則“甹枿”爲今文矣。證七。《戈部》：“戔，殘也。从二，戈。《周書》曰：戔戔巧言。”段注：“今《書》：‘截截善諞言。’《言部》引之，古文《尚書》也。此稱‘戔戔’，‘截截’之異文，今文《尚書》也。《春秋公羊傳》曰：‘惟諓諓善竫言，俾君子易怠。’劉向《九歎》曰：‘讒人諓諓，孰可愬兮。’王逸注引《書》‘諓諓靖言’。《漢書·李尋傳》曰：‘昔秦穆公説諓諓之言，任仡仡之勇。’‘諓’即‘戔’，許作‘戔’爲本字，他家作‘諓’，加之言旁也。”定一按：段説是。《公羊傳》係文十二年事。《潛夫論·救邊》篇曰：“淺淺善靖，俾君子怠。”則於“戔”字加之水旁。《公羊》、劉向、李尋、王符、王逸皆今文家也。證八。

《人部》："仡，勇壯也。从人，乞聲。《周書》曰：仡仡勇夫。"定一按：《漢書·李尋傳》："秦穆公説諓諓之言，任仡仡之勇。"《公羊》宣六年傳："仡然從乎趙盾以入。"解詁曰："仡然，壯勇貌。"與《説文》同。李尋、何休均今文家也。證九。《水部》："涘，水厓也。从水，矣聲。《周書》曰：王出涘。"攷《尚書大傳·大誓》篇："太子發升于舟，中流，白魚入于舟，王跪取，出涘以燎。"許引《周書》，即《大傳》所述今文經也。證十。《手部》："搯，搯也。从手，舀聲。《周書》曰：師乃搯。"攷《尚書大傳·大誓》篇曰："惟丙午，王還師，前師乃鼓鼗躁，師乃慆。"注："慆，喜也。"許引《周書》，即《大傳》所述《大誓》語也。證十一。《疒部》："疴，病也。从疒，可聲。《五行傳》曰：時則有口疴。"攷《尚書大傳·洪範五行傳》曰："時則有口舌之痾。"注："言氣失之病。"許引《五行傳》，即《尚書大傳》文也。證十二。《鬼部》："鬾，鬼服也。从鬼，支聲。《韓詩傳》曰：鄭交甫逢二女鬾服。"攷《文選·江賦》注引《韓詩内傳》曰："鄭交甫遵彼漢臯臺下，遇二女，與言曰：願請子之珮。二女與交甫，交甫受而懷之。”《韓詩》今文學也。證十三。《永部》：“羕，水長也。从永，羊聲。《詩》曰：江之羕矣。”攷《文選·登樓賦》注：“《韓詩》曰：江之漾矣，不可方思。薛君曰：漾，長也。”陳喬樅曰：“此作羕者，《魯詩》也。《爾雅·釋詁》曰：‘羕，長也。’説與《説文》同，即釋《魯詩》‘江之羕矣’。郭注乃云羕所未詳，何其疏陋乎。”證十四。《艸部》：“藿，艸也。从艸，隺聲。《詩》曰：食鬱及藿。”定一按：《爾雅·釋草》：“藿，山韭。”疏曰：“《韓詩》云六月食鬱及藿，是也。”今《毛詩》作“薁”，是許用《韓詩》也。證十五。《鼎部》“鼐”下云：“《魯詩》説：鼐，小鼎。”《魯詩》今文也。證十六。《艸部》：“芼，艸覆蔓也。《詩》曰：左右芼之。”攷《詩·關雎》毛傳：“芼，擇也。”《爾雅·釋言》：“芼，搴也。”郭注：“謂拔取菜。”郭習《魯詩》，是《説文》訓義與《毛》《魯》不同，陳喬樅云：“蓋用《齊詩》説。”是也。證十七。部首“辵”下云：“讀若《春秋公羊傳》曰辵階而走。”《公羊》今文也。證十八。《玉部》“璠”下云：“美哉璵璠。遠而望之，奂若也；近而視之，瑟若也。一則理勝，一則孚勝。”定一按：此文見《齊論語·問玉》篇，王應麟說。證十九。《人部》："份，文質備也。从人，分聲。《論語》曰：文質份份。彬，古文份。"今《論語》作"文質彬彬"，爲古文，則知"份份"爲今文。證二十。部首"王"下引董仲舒曰，《虫部》"蝝"下引董仲舒說。董仲舒今文家也。證二十一。《艸部》"芸"下引《淮南子》說，《田部》"畜"下引《淮南子》曰，《虫部》"蜩"下引淮南王說，《鬼部》"鬾"下引《淮南傳》曰。定一按：《淮南子》今文也。證二十二。《艸部》"蔞"下云劉向說："此味苦，苦蔞也。"劉向今文家也。證二十三。《寸部》："封，爵諸侯之土也。从之、土，从寸，守其制度。公侯百里，伯七十里，子男五十里。"段注："此用《孟子》及《王制》之說，所謂制度也。"定一按：《孟子》《王制》非古文說也。證二十四。部首"心"下云："博士說以爲火藏。"定一按：漢博士皆今文也。證二十五。《走部》"趆"下引漢令曰，《竹部》"篳"下引漢律令，《糸部》"絠"下引樂浪挈令。定一按：漢令、漢律令、樂浪挈令皆今文也。證二十六。如上所證，知《說文》兼用今文，非純古文也。康氏謂《說文》皆僞古，其說不攻自破矣。

廿七事：《説文》小篆皆自古文變出，證明古、篆一貫。小篆與今文經字不僞，則古文亦不僞。

康有爲曰：賈逵傳父徽所受塗惲之學，和帝中，受詔修理舊文，傳之許慎，今所傳《説文》是也。又曰：其書自古文、籀文外，小篆諸體，亦皆自古文變出。其説經、説禮，皆古説，則純乎歆之僞學也。《僞經考》三下。

《説文》小篆既皆自古文變出，則古、篆一貫，何云歆僞？尋《説文》全書，有古文作小篆偏旁者，如：二之於帝、旁，殸之於殿，是也。朋之於棚、弸，於之於菸、淤，禾之於保，𣶒之於道、䭯，頁之於頌、顛，𡆧之於䫌，而之於麗，求之於逑、賕，與此相類。有古文偏旁即是小篆者，如：珇之於王目，琿之於王旱，是也。剳之於菖刀，孩之於子亥，嚞之於吉，㕡之於収口，㢟之於辵巳，疋之於一足，匭之於匚飢，歫之於止斤，艁之於舟告，拪之於手西，馭之於馬又，與此相類。有小篆爲此字而古文爲彼字者，如：中之爲艸，詖之爲頗，是也。廿之爲疾，疋之爲大疋，𧶠之爲南，臤之爲賢，𣪊之爲討，𡈼之爲醜，爰之爲轅，丂之爲亏，哥之爲謌，𥄲之爲顯，侁之爲訓，汓之爲沒，洒之爲灑，𡗜之爲魯，臭之爲澤，與此相類。有古文小篆竝列，而小篆復又從古文者，如：玊，古文玉，而玗之古文作琈，復从玉。敋，古文𠭫，而嚴之古文作㘙，復从𠭫，是也。𥫔，古文典，而腆之古文作𢍰，復从典。㠭，古文工，而巨之古文作𢀘，復从工。㚩，古文女，而妻之古文作㛗，復从女。囧，古文目，而瑁之古文作玥，復从目。𢀈，古文子，而嗣之古文作孠，復从子。㣥，古文馬，而御之古文作馭，復从馬。𨤾，古文金，而鐵之古文作銕，復从金。䍧，古文養，而漾之古文作瀁，復从養。與此相類。若斯之類，古文與小篆，錯綜盤互，不可分離，欲竄入全部古文，非改造全部小篆不可。此豈歆所能者？如果《說文》中之古文、小篆皆僞，何以今文學之經《易》《儀禮》《公羊》《穀梁》之字，除八十二字不見《說文》者外，據雷浚《說文外編》所載計之，《儀禮》所載字，無古文在内。其餘皆與《說文》小篆相合。又羅振玉《漢熹平石經殘字集録》此書古文家以爲僞，今文家信之，姑舉以爲證。上下兩卷，得三千七百八十五字，又補遺一卷，得六百六十四字，合之共得四千四百二十九字。予尋檢全文，除其重見者外，得八百七十五字。此八百七十五字，皆漢今文家所書之今文經字也。除《易》之褰拇劓，《詩》之灩瘀痄閲袼劉，《春秋》之絚，序記之霻玹葝，十三字外，餘八百六十二字，無不與《說文》小篆相合。少數隸變不同者不計。其《詩經》霻疛二字，則不同今《詩》而合《說文》。以此推之，今文全經之字，其與小篆異者尠矣。康既知《說文》小篆皆由古文變出，則是今文家之經字，不由古文變出者寥寥矣。今文家之經字不僞，則古文亦不僞矣。夫《說文》古文既爲今古學共用之字，用之於今文經不僞，用之於古文經則詆爲僞，豈理也哉！

廿八事：古文本不簡于籀文，最少數籀文之繁者，適合文字史由簡變繁之例。

康有爲曰：文字未有不始於繁而終於簡者也，今古文反簡，籀文乃繁。《僞經考》三下。

文字變遷，最初由簡而繁。如作卦進而文字，結繩進而書契。蒼頡初作書，依類象形，故謂之文。其後形聲相益，即謂之字。字者，言孳乳而浸多也。此其例也。如亖變爲𠁧四，亼變爲介穴，一二三變爲弌弍弎，且借用壹貳㕘，見孫詒讓《名原·原始數名第一》篇，亦屬此例。厥後由繁而簡，如籀變爲篆、隸，隸變爲真、楷，真、楷變爲行草。此其例也。康氏言文字未有不始于繁而終于簡者，則於文字史之實例，尚多牴觸，蓋知其一而不知其二也。攷籀文緐於古文，並非全部事實。《説文》九千三百五十三文，除去古文四百七十六，籀文二百十一，《艸部》大篆五十三，及奇字三，其餘八千六百十文，皆古、籀、篆三體相同。夫古、籀同者既有八千六百十文之多，而不同者止二百六十四文，此可謂之籀文緐而古文簡乎？況細覈此二百六十四文中，有四十九文，另表列之。筆畫較古文爲少，則是九千三百五十三文，籀文緐於古文者，實際止二百十五文耳。蓋甚微矣。《説文叙》曰："及宣王太史籀，箸大篆十五篇，與古文或異。"或異者，數甚微也。何以籀文在後，而有微數繁於古文者？則"逖矣西土之人"，有地方傳用之古字，即地方語也。其字不通行于全國，故不見于古文，作籀文者不能不録之以教學童。何以知之？《藝文志》曰："《史籀篇》者，周時史官教學童書也。"是其證。《志》又謂："《倉頡》，李斯作。《爰歷》，趙高作。《博學》，胡毋敬作。文字多取《史籀篇》，而篆復頗異。"今綜核此二百十五籀文，既與古文殊，又與秦文不合，即《志》所謂頗異者也。曷異爾？由簡變緐，猶繩卦之進而爲文字也。吾故曰：籀文並不緐於古文。其少數緐者，與文字演進之例，並無不合。

附：古繁籀簡表[①]

計四十九字，以見《説文》者列之。《説文叙》云：“今叙篆文，合以古、籀。其有篆、籀而無古文者，篆文即古文也。”表中以此定之。

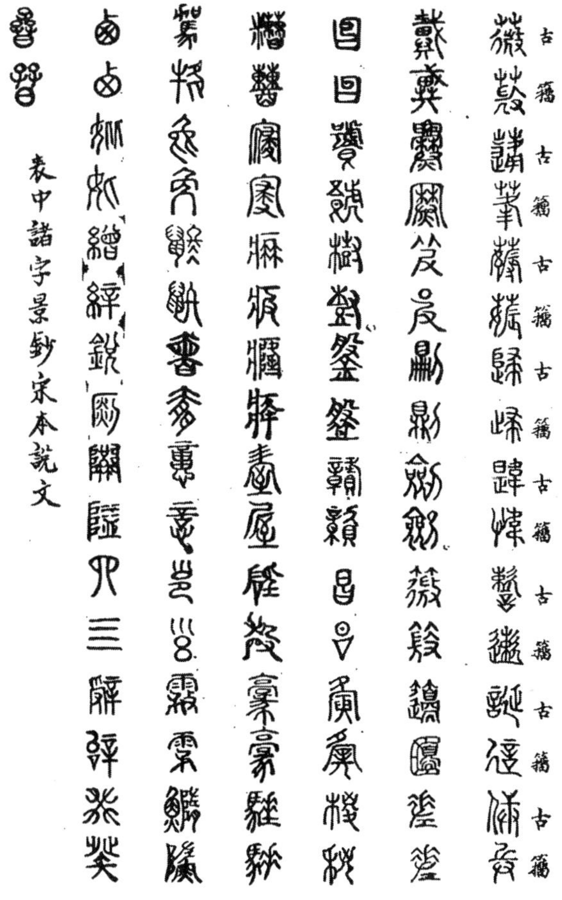

①據商務印書館 1937 年版《新學僞經考駁誼》相應内容影印。

廿九事：古文筆畫繁於小篆，適合文字由繁變簡之例，足徵古文不僞。

康有爲曰：古文改繁爲簡，因小篆而作可知。《僞經考》三下。

《說文》全書之例，先儒謂古、篆不分者，古文與小篆同；其別出古文者，古文與小篆異者也。與小篆異之古文，攷之《說文》重文中，共得四百七十六字，中有二百四十六字，筆畫視小篆爲繁；有三十六字，筆畫繁簡與小篆相當；其他之一百七十四字，則筆畫較小篆爲簡。然細覈之，此少數古文簡而篆文繁之字，其篆文猶不能謂之非古文。今即其可考者，舉例以證明之，如：示，小篆也。𡭔，古文示。細覈之，𡭔从一，示从二，一二皆古文也。帝下云：古文諸丄字皆从一，篆文皆从二。二，古文上字。是𡭔爲古文，示亦爲古文。祣，古文社，即从示。日，小篆也。㒰，古文日。總覈之，日亦爲古文。旹，古文時，即从日。亥，小篆也。𠀅，古文亥。細覈之，亥亦爲古文。《口部》：孩，古文咳。即从亥。艸，小篆也。屮，古文以爲艸字。細覈之，艸亦古文。《艸部》：荊，古文荊。即从艸。保，小篆也。𥝢，古文保。細覈之，保亦爲古文。“保”下云：㑺，古文保。不省，即从保。垔，小篆也。坐，古文垔。細覈之，垔亦爲古文。《西部》：丣，古文西。垔即从丣。菫，小篆也。𦰩，古文菫。細覈之，菫亦爲古文。《鳥部》：難，古文鶨。即从𡎸省。此本證也。他如：一篆、弌古，而《正部》𤴓爲古文正，則一亦古文。子篆、学古，而《木部》杍爲古文李，則子亦古文。工篆、𢒄古，而𢀚，古文巨，則工亦古文。至篆、𡉏古，而《尸部》臺古文屋，則至亦古文。𠬶篆、𢽎古，而《吅部》𠪚，古文嚴，則𠬶亦古文。此古文筆畫較繁之字，亦足證明古、篆并舉者，篆文未必非古文。此旁證也。然則此類篆繁古簡之字，不能謂之古文簡於篆文，祇可謂之古文簡於古文。是則康氏所云古文改繁爲簡，大與《説文》相反。康氏詆小學爲僞，故不習《説文》。彼據桂馥所舉云朋杀𠥓四字，斷定小篆於古文多增。見《僞經考》三下。不知《説文》實際并不如是，桂氏於《説文》固不精覈也。桂舉朋字非古文，其説誤。

三十事：《説文》聲類與《詩》《易》《楚辭》相合，足證《説文》非僞學。

康有爲曰：桂馥云：《説文》諧聲多與《詩》《易》《楚辭》不合。如確是三代古文，則應相合，益以知其僞也。《僞經考》三下。

康氏不明音學，故引桂馥謬論。夫《説文》全書之諧聲，攷之《詩》《易》《楚辭》及他古書之韻字，尠有不合。彼所謂不合者，其轉變也。自宋徐蕆作《韻補序》，謂音韻之正，本諸字之諧聲。江永、戴震祖述其説。段玉裁《六書音韻表》、孔廣森《詩聲類》、嚴可均《説文聲類》，相繼箕成，巍然鉅觀。定一按：段、孔、嚴均以韻類諧聲，證明諧聲與《詩》《易》《楚辭》相合者也。其書見在，可以按論，但段分之支脂矣，知轉變矣，然不明陰陽對轉，東冬别部，復不識重文可徵通轉。孔分東冬矣，知陰陽矣，然未審冬隸于侵，復不諳分合聯環之妙。嚴則歸冬于侵，發見重文讀若，可求通轉，分合聯環，以極變化，蓋精案之作也，中有小疵，不掩大醇。今執段、孔、嚴之書以求諧聲，執諧聲以求《詩》《易》《楚辭》之合，固無入而不得者。其有不得，則字或不韻，或文有譌誤，否則韻部或須變更，而非諧聲之不合。若《詩・頌》往往不韻，可以聲紐求音，亦非諧聲有誤。夫諧聲既與《詩》《易》

《楚辭》相合，則《説文》所述，確是三代古文。《説文》可誣爲劉歆僞學，《詩》《易》《楚辭》及他周秦間有韻之古文書，江有誥有《羣經韻讀》《周秦韻讀》等書。豈亦劉歆所僞造乎？吾以此知康説之妄而謬矣。

卅一事：《史記》《淮南》諸書之字，攷得六千七百十五字，證明漢初真字，不止三千三百，餘字六千，實非劉歆所僞造。

康有爲曰：周漢所傳真字，在《蒼頡篇》五十五章，三千三百字。其餘六千字，皆歆僞字也。歆僞經之光大，則賴鄭玄之功；僞字之光大，則賴許慎之力。《僞經考》九。

《漢書·藝文志》曰："漢興，蕭何草律，亦箸其法曰：太史試學童，（皆）〔能〕[①]諷書九千字以上，乃得爲史。"《説文叙》曰："《尉律》：學僮十七已上，始試諷籒書九千字，乃得爲吏。"徐鍇曰："《尉律》，漢律篇名。"定一按：漢律班行天下，既明定九千字，當然實有此數。顧《志》又云："漢興，閭里書師，合《蒼頡》《爰

①據《漢書》改。

歷》《博學》三篇，斷六十字以爲一章，凡五十五章，并爲《蒼頡篇》。”則又止三千三百字，少於《尉律》，何其多也。少五千七百字。揆厥緣由，一因律云諷書九千字，中有複字；二因《蒼頡》三千三百字，西漢字數實不止此也。夫律言諷書，今不知爲何書，故複字無考。若西漢字數，則有書可校，可以得其都凡。今攷諸劉歆以前之書，《史記》得字四千七百六十有五，褚少孫爲宣帝時博士，所補《史記》并入計數。《淮南》得七百四十字。再檢《新語》《尚書大傳》《新書》《春秋繁露》《韓詩外傳》《韓詩遺説》《鹽鐵論》《新序》《説苑》《列女傳》《蒼頡篇蒐逸》《急就篇》等書，復得一千二百十字。以諸書字數總計之，共得六千七百十五字。詳拙箸《西漢字表》。揚雄《法言》《太玄》《方言》之字，尚在其外。迻録或有遺漏，字當無多。版本偶有異同，數亦有限。以視《蒼頡篇》三千三百，多字三千四百十五，以視揚雄《訓纂》五千三百四十字，則多字一千三百七十五。此可證明西漢真字，不止三千三百，亦可證明三千三百以外之字，非劉歆所僞。夫字本不止三千三百，何以《蒼頡篇》字數若是？此蓋閭里書師撮要以教學童者也。觀史游《急就篇》，在成帝時祇收字一千九百五十三，則知《蒼頡篇》之三千三百，蓋當時簡字課本矣。萬斯同譔《隸書考》，見《羣書疑辨》。謂小篆止三千三百，不免失考。黄君侃作《説文略説》，亦謂小篆總數廑得三千三百字，蓋沿舊説，未予訂正。清儒小學稱極盛，竟無人知西漢有六千七百字者，可見攷古之不易也。或曰：子所據《史記》《淮南》諸書之字，其中無俗字邪？余應之曰：徐（絃）〔鉉〕①以來，如宋張有、清雷浚諸人，以《説文》定正俗。今考《蒼頡篇》佚字，其中不見《説文》者實繁有徒，則余所舉六千七百字偶有不見《説文》，亦與《蒼頡篇》相類似也，奚不可者？

①據文義改。

附：《荀子》引《詩》同毛證

《荀子》引《詩》，全書得七十六事，其中逸《詩》七，同《毛詩》者六十有六，不同者三。兹列舉于後。楊注引毛《傳》者十一，引鄭《箋》者七。其注與毛合者，定一按語也。

《勸學》："《詩》曰：嗟爾君子，無恒安息。靖共爾位，好是正直。神之聽之，介爾景福。"《詩·小雅·小明》之篇。靖，謀。介，助。景，大也。無恒安息，戒之不使懷安也。言能謀恭其位，好正直之道，則神聽而助之福。引此詩以喻勤學也。與毛義合。

《勸學》："《詩》曰：'尸鳩在桑，其子七兮。淑人君子，其儀一兮。其儀一兮，心如結兮。'故君子結於一也。"《詩·曹風·尸鳩》之篇。毛云：尸鳩，鴶鞠也。尸鳩之養七子，旦從上而下，暮從下而上，平均如一。善人君子，其執義亦當如尸鳩之一，執義一則用心堅固。故曰：心如結也。與毛合。

《勸學》："《詩》曰：'匪交匪舒，天子所予。'此之謂也。"《詩·小雅·采菽》之篇。匪交，當爲彼交。言彼與人交接，不敢舒緩，故受天子之賜予也。與毛合。

《不苟》："《詩》曰：'温温恭人，惟德之基。'此之謂也。"《詩·大雅·抑》之篇。温温，寬柔貌。與毛合。

《不苟》："《詩》曰：'左之左之，君子宜之。右之右之，君子有之。'此言君子能以義屈信變應故也。"《詩·小雅·裳裳者華》之篇。以能應變，故左右無不得宜也。與毛不合。

《榮辱》："《詩》曰：'受小共大共，爲下國駿蒙。'此之謂也。"《詩·殷頌·長發》之篇。共，執也。駿，大也。蒙，讀爲厖，厚也。今《詩》作"駿厖"。言湯執大玉小玉，大厚於下國，言下皆賴其德也。與毛合。

《非相》："《詩》曰：'雨雪瀌瀌，宴然聿消。莫肯下隧，式居屢驕。'此之謂也。"《詩·小雅·角弓》之篇。今《詩》作"見晛曰消"。作"宴然"，蓋聲之誤耳。晛，日氣也。隧，讀爲隨。屢，讀爲婁。婁，斂也。言雨雪瀌瀌然見日氣而自消，喻欲爲善，則惡自消矣。幽王曾莫肯下隨於人，用此居處斂其驕慢之過也。與毛不合。

《非相》："《詩》曰：'徐方既同，天子之功。'此之謂也。"《詩·大雅·常武》之篇。言君子容物，亦猶天子之同徐方也。與毛合。

《非十二子》："《詩》云：'匪帝不時，殷不用舊。雖無老成人，尚有典刑。曾是莫聽，大命以傾。'此之謂也。"《詩·大雅·蕩》之篇。鄭云："老成人，伊尹、伊陟、臣扈之屬也。"典刑，常事故法也。與毛合。

《非十二子》："《詩》云：'温温恭人，維德之基。'此之謂也。"已解在《不苟》篇。與毛合。

《仲尼》："《詩》曰：'媚兹一人，應侯順德。永見孝思，昭哉嗣服。'此之謂也。"《詩·大雅·下武》之篇。一人，謂君也。應，當。侯，維。服，事也。鄭云："媚，愛。兹，此。亦可愛乎武王，能當此順德。謂能成其祖考之巧也。"服，事也。明哉，武王之嗣行祖考之事。謂伐紂定天下。引此者，明臣事君，亦猶武王之繼祖考也。與毛合。

《儒效》："《詩》曰：'自西自東，自南自北，無思不服。'此之謂也。"《詩·大雅·文王有聲》之篇。引此以明天下皆歸之也。與毛合。

《儒效》："《詩》曰：'民之無良，相怨一方。受爵不讓，至于己斯亡。’此之謂也。”《詩·小雅·角弓》之篇。引此以明不責己而怨人。與毛合。

《儒效》：“《詩》曰：‘平平左右，亦是率從。’是言上下之交不相亂也。”《詩·小雅·采菽》之篇。毛云：“平平，辯治也。”交，謂上下相交接也。與毛合。

《儒效》：“《詩》曰：‘維此良人，弗求弗迪。維彼忍心，是顧是復。民之貪亂，寧爲荼毒。’此之謂也。”《詩·大雅·桑柔》之篇。迪，進也。言厲王有此善人，不求而進用之，忍害爲惡之人，反顧念而重復之。故天下之民貪亂，安然爲荼毒之行，由王使之然也。與毛合。

《王制》：“《詩》曰：‘天作高山，大王荒之。彼作矣，文王康之。’此之謂也。”《詩·周頌·天作》之篇。荒，大也。康，安也。言天作此高山，使興雲雨。大王自豳遷焉，則能尊大之。彼大王作此都，文王又能安之也。與毛合。

《富國》：“《詩》曰：‘雕琢其章，金玉其相。亹亹我王，綱紀四方。’此之謂也。”《詩·大雅·棫樸》之篇。相，質也。亹亹，勸勉之貌。言雕琢爲文章，又以金玉爲質，勉力爲善，所以綱紀四方也。與《詩》義小異也。與毛合。

《富國》：“《詩》曰：‘我任我輦，我車我牛。我行既集，蓋云歸哉。’此之謂也。”《詩·小雅·黍苗》之篇。引此以明百姓不憚勤勞以奉上也。鄭云：“集，猶成也。蓋，猶皆也。轉餫之役，有負任者，有輓輦者，有將車者，有牽徬牛者。事既成，召伯則皆告之，云可歸哉。”與毛合。

《富國》：“《詩》曰：‘無言不讎，無德不報。’此之謂也。”《詩·大雅·抑》之篇。與毛合。

《富國》：“《詩》曰：‘鐘鼓喤喤，管磬瑲瑲，降福穰穰。降福簡簡，威儀反反。既醉既飽，福禄來反。’此之謂也。”《詩·周頌·執競》之篇。毛云：“喤喤、瑲瑲，皆聲和貌。穰穰，衆也。簡簡，大也。”鄭云：“反反，順習之貌。”反，復也。與毛合。

《富國》：“《詩》曰：‘天方薦瘥，喪亂弘多。民言無嘉，憯莫懲嗟。’此之謂也。”《詩·小雅·節南山》篇。薦，重也。瘥，病也。憯，曾也。懲，止也。嗟，柰何。薦，或爲荐。與毛合。

《富國》：“《詩》曰：‘淑人君子，其儀不忒。其儀不忒，正是四國。’此之謂也。”《曹風·尸鳩》之篇。與毛合。

《王霸》：“《詩》曰：‘如霜雪之將將，如日月之光明。逸《詩》。爲之則存，不爲則亡。’此之謂也。”爲，爲禮也。

《王霸》：“《詩》曰：‘自西自東，自南自北，無思不服。’一人之謂也。”其道足以齊一人，故四方皆歸之。與毛合。

《君道》：“《詩》曰：‘王猶允塞，徐方既來。’此之謂也。”與毛合。

《君道》：“《詩》曰：‘价人維藩，太師維垣。’此之謂也。”與毛合。

《君道》：“《詩》曰：‘温温恭人，維德之基。’此之謂也。”與毛合。

《君道》：“《詩》曰：‘濟濟多士，文王以寧。’此之謂也。”與毛合。

《臣道》：“《詩》曰：‘國有大命，不可以告人，防其躬身。’此之謂也。”逸《詩》。

《臣道》：“《詩》曰：‘不敢暴虎，不敢馮河。人知其一，莫知其它。戰戰兢兢，如臨深淵，如履薄冰。’此之謂也。”《詩·小雅·小旻》之篇。暴虎徒搏，馮河徒涉。人知其一，莫知其它，言人皆知暴虎馮河立至於害，而不知小人爲害有甚於此也。與毛合。

《臣道》："《詩》曰：'不僭不賊，鮮不爲則。'此之謂也。"《詩·大雅·抑》之篇。言不僭差賊害，則少不爲人法則矣。與毛合。

《臣道》："《詩》曰：'受小球大球，爲下國綴旒。'此之謂也。"《詩·商頌·長發》之篇。球，玉也。鄭玄云："綴，猶結也。旒，旌旗之垂者。言湯既爲天所命，則受小玉，謂尺二寸圭也；受大玉，謂珽也，長三尺。執圭搢珽，以與諸侯會同，結定其心，如旌旗之旒縿著焉。"引此以明湯、武取天下權險之平，爲救下國者也。與毛合。

《致士》："《詩》曰：'惠此中國，以綏四方。'此之謂也。"《詩·大雅·民勞》之篇。中國，京師也。四方，諸夏也。引此以明自近及遠也。與毛合。

《致士》："《詩》曰：'無言不讎，無德不報。'此之謂也。"此言爲善則物必報之也。與毛合。

《議兵》："《詩》曰：'自西自東，自南自北，無思不服。'此之謂也。"《詩·大雅·文王有聲》之篇。與毛合。

《議兵》："《詩》曰：'淑人君子，其儀不忒。'此之謂也。”謂《曹風·尸鳩》之篇。與毛合。

《議兵》：“《詩》曰：‘王猶允塞，徐方既來。’此之謂也。”與毛合。

《彊國》：“《詩》曰：‘价人維藩，大師維垣。’此之謂也。”《大雅·板》之篇。義已解上。與毛合。

《彊國》：“《詩》曰：‘德輶如毛，民鮮克舉之。’此之謂也。”《詩·大雅·烝民》之篇。輶，輕也。引之以明積微至著之功。與毛合。

《天論》：“《詩》曰：‘天作高山，大王荒之。彼作矣，文王康之。’此之謂也。”《詩·周頌·天作》之篇。引之以明吉凶由人，如大王之能尊大岐山也。與毛合。

《天論》：“《詩》曰：‘何恤人之言兮。’此之謂也。”逸《詩》也。以言苟守道不違，何畏人之言也。

《正論》：“《詩》曰：明明在下。”《詩·大雅·大明》之篇。言文王之德明明在下，故赫赫然著見於天也。與毛合。

《正論》：“《詩》曰：‘下民之孽，匪降自天。噂沓背憎，職競由人。’此之謂也。”《詩·小雅·十月之交》之篇。言下民相爲妖孽，災害非從天降，噂噂沓沓然相對談語，背則相憎，爲此者王由人耳。與毛合。

《禮論》：“《詩》曰：‘禮儀卒度，笑語卒獲。’此之謂也。”引此明有禮動皆合宜也。見《楚茨》。與毛合。

《禮論》：“《詩》曰：‘懷柔百神，及河喬嶽。’此之謂也。”引此喻聖人能并治之。《詩·周頌·時邁》之篇。與毛合。

《禮論》：“《詩》曰：‘愷悌君子，民之父母。’彼君子者，固有爲民父母之説焉。”《詩·泂酌》。與毛合。

《解蔽》：“《詩》曰：‘鳳凰秋秋，其翼若干，其聲若蕭。有鳳有凰，樂帝之心。’此不蔽之福也。”逸《詩》也。《爾雅》：“鶠，鳳。其雌凰。”秋秋，猶蹌蹌。蹌蹌，謂舞也。干，楯也。此帝，蓋謂堯也。堯時鳳凰巢於阿閣。言堯能用賢，不蔽，天下和平，故有鳳凰來儀之福也。

《解蔽》：“《詩》云：采采卷耳，不盈頃筐。嗟我懷人，寘彼周行。”《詩·周南·卷耳》之篇。毛公云：“采采，事采之也。卷耳，苓耳也。頃筐，畚屬，易盈之器也。”思君子置於周之列位也。與毛合。

《解蔽》：“《詩》云：‘墨以爲明，狐狸其蒼。’此言上幽而下險也。”逸《詩》。墨，謂蔽塞也。狐狸其蒼，言狐狸之色居然有異。若以蔽塞爲明，則臣下誑君，言其色蒼然無別，猶指鹿爲馬者也。幽，暗也。險，傾側也。

《解蔽》："《詩》曰：'明明在下，赫赫在上。'此言上明而下化也。"《詩·大雅·大明》之篇。言文王之德，明明在下，故赫赫然著見於天也。與毛合。

《正名》："《詩》曰：'顒顒卬卬，如珪如璋，令問令望。愷悌君子，四方爲綱。'此之謂也。"《詩·大雅·卷阿》之篇。顒顒，體貌敬順也。卬卬，志氣高朗也。與毛合。

《正名》："《詩》曰：'長夜漫兮，永思騫兮。大古之不慢兮，禮義之不愆兮，何恤人之言兮。'此之謂也。"逸《詩》也。漫，謂漫漫長夜貌。騫，咎也。引此以明辨説得其正，何憂人之言也。

《正名》："《詩》曰：'爲鬼爲蜮，則不可得。有靦面目，視人罔極。作此好歌，以極反側。'此之謂也。"《詩·小雅·何人斯》之篇。毛云："蜮，短狐也。靦，姡也。"鄭云："使汝爲鬼爲蜮也，則汝誠不可得見也。姡然有面目，汝乃人也。人相視無有極時，終必與汝相見。作此歌求汝之情，汝之情展轉極於是也。"與毛合。

《君子》："《詩》曰：'普天之下，莫非王土。率土之濱，莫非王臣。'此之謂也。"《詩·小雅·北山》之篇。率，循也。濱，涯也。與毛合。

《君子》："《詩》曰：'百川沸騰，山冢崒崩。高岸爲谷，深〔谷〕①爲陵。哀今之人，胡憯莫懲。'此之謂也。"《詩·小雅·十月之交》之篇。毛云："沸，出也。騰，乘也。山頂曰冢。崒者，崔嵬。高岸爲谷，深谷爲陵，言易位也。"鄭云："憯，曾也。懲，止也。變易如此，禍亂方至，哀哉！今在位之人，何曾無以道德止〔之〕②。"與毛合。

《君子》："《詩》曰：'淑人君子，其儀不忒。其儀不忒，正是四國。'此之謂也。"《詩·曹風·尸鳩》之篇。言善人君子，其儀不忒，故能正四方之國。以喻正身任物，則四國皆化；恃才矜能，則所得者小也。與毛合。

《大略》："《詩》曰：'顛之倒之，自公召之。'天子召諸侯，〔諸侯〕③輦輿就馬，禮也。"輦，謂人輓車。言不暇待馬至，故輦輿就馬。與毛不合。

《大略》："《詩》曰：我出我輿，于彼牧矣。自天子

---

①③據《荀子》補。
②據《毛詩正義》補。

所，謂我來矣。”《詩·小雅·出車》之篇。毛云：“出車就馬於牧地。”鄭云：“有人自天子所，謂我來矣，謂以王命召己也。”此明諸侯奉上禮也。與毛合。

《大略》：“《詩》曰：‘物其指矣，唯其偕矣。’不時宜，不敬交，不驩欣，雖指，非禮也。”《詩·小雅·魚麗》之篇。指，與“旨”同，美也。偕，齊等也。時，謂得時。宜，謂合宜。此明聘好輕財重禮之義也。與毛合。

《大略》：“《詩》曰：‘飲之食之，教之誨之。’王事具矣。”《詩·緜蠻》。與毛合。

《大略》：“《詩》曰：‘我言維服，勿用爲笑。先民有言，詢于芻蕘。’言博問也。”《詩·大雅·板》之篇。毛云：“芻蕘，薪者也。”鄭云：“服，事也。我之所言，乃今之急事，汝無笑也。”與毛合。

《大略》：“《詩》曰：‘如切如瑳，如琢如磨。’謂學問也。”見《淇奧》。與毛合。

《大略》：“《詩》云：‘温恭朝夕，執事有恪。’事君難，事君焉可息哉。”《詩·商頌·那》之篇。與毛合。

《大略》：“《詩》云：‘孝子不匱，永錫爾類。’事親難，事親焉可息哉。”《詩·大雅·既醉》之篇。毛云：

"匱，竭也。類，善也。"言孝子之養無有匱竭之時，故天長賜以善也。與毛合。

《大略》："《詩》云：'刑于寡妻，至于兄弟，以御于家邦。'妻子難，妻子焉可息哉。"《詩·大雅·思齊》之篇。刑，法也。寡有之妻，言賢也。御，治也。言文王先立禮法於其妻，以至于兄弟，然後治于家邦。言自家刑國也。與毛合。

《大略》："《詩》云：'朋友攸攝，攝以威儀。'朋友難，朋友焉可息哉。"亦《既醉》之篇。毛云："言相攝佐者，以威儀也。"與毛合。

《大略》："《詩》云：'晝爾于茅，宵爾索綯。亟其乘屋，其始播百穀。'耕難，耕焉可息哉。"《詩·豳風·七月》之篇。于茅，往取茅也。綯，絞也。亟，急也。乘屋，升屋治其敝漏也。與毛合。

《大略》："《詩》曰：'無將大車，維塵冥冥。'言無與小人處也。"《詩·小雅·無將大車》之篇。將，猶扶進也。將車，賤者之事。塵冥冥蔽人目明，令無所見，與小人處亦然也。與毛合。

《宥坐》："《詩》曰：'憂心悄悄，慍于羣小。'小人成羣，斯足憂矣。”《詩·邶風·柏舟》之篇。悄悄，憂貌。慍，怒也。與毛合。

《宥坐》：“《詩》曰：尹氏大師，維周之氐。秉國之均，四方是維。天子是庳，卑民不迷。”《詩·小雅·節南山》之篇。氐，本也。庳，讀爲毗，輔也。卑，讀爲俾。與毛合。

《宥坐》：“《詩》曰：‘周道如砥，其直如矢。君子所履，小人所視。眷焉顧之，潸焉出涕。’豈不哀哉。”《詩·小雅·大東》之篇。言失其砥矢之道，所以陵遲，哀其法度墮壞。與毛合。

《宥坐》：“《詩》曰：瞻彼日月，悠悠我思。道之云遠，曷云能來。”《詩·邶風·雄雉》之篇。與毛合。

《子道》：“《詩》曰：‘孝子不匱。’此之謂也。”《詩·大雅·既醉》。與毛合。

《法行》：“《詩》曰：涓涓源水，不雝不塞。轂已破碎，乃大其輻。事已敗矣，乃重大息。其云益乎。”源水，水之泉源也。雝，讀爲壅。大其輻，謂壯大其輻也。重太息，嗟嘆之甚也。三者皆言不慎其初，追悔無及也。

《法行》：“《詩》曰：‘言念君子，温其如玉。’此之謂也。”《詩·秦風·小戎》之篇。引之喻君子比德。與毛合。

《堯問》：“《詩》曰：‘既明且哲，以保其身。’此之謂也。”《詩·烝民》篇。與毛合。

附：胡玉縉《新學僞經考駁誼》叙[①]

昔啖助在唐，名治《春秋》，摭訕三家，不本所承，憑私臆決，尊之曰"孔子意也"。趙匡、陸質從而唱之，徒令後生穿鑿詭辨，詬前人，捨成説，而自爲紛紛。《唐書·儒學傳》痛哉論之，然祇言三家得失，未嘗專詆《左氏》也。宋人王柏撰《書疑》，頗有竄亂，尚未敢刪削經文。《詩疑》則攻駮毛、鄭不已，併本經而攻駮之，攻駮本經不已，又併本經而刪削之。此自有六籍以來第一怪變之事也。《四庫全書提要》又慨乎言之，然祇疑《書》《詩》，未嘗泛及他經也。據《宋史》本傳，尚有《涵古易説》《春秋發揮》等書，未知何如，今佚。

康有爲《新學僞經考》，力主今文，於古文《書》《詩》《左氏》外，併《周官》皆以爲劉歆所僞。於是凡

①胡玉縉（1859—1940），字綏之，學者。致力於目録學研究，編有《四庫全書總目提要補正》，著有《許廎學林》等。

《史》《漢》之稱述古文者，非以遷書爲歆竄，即以班書爲歆撰。彼亦知毀古爲公論所不許，託詞於歆僞，與王柏託詞於漢儒竄入，其狡譎正同，而心逆而險，行僻而堅，言僞而辨，記醜而博，順非而澤，則尤過之。不知古文未出，漢初故老，雖以今文傳授，而誦習多在秦火以前，大率皆通古文。故叔孫通制（體）〔禮〕①，天子無親迎，宗廟有日祭，與《左氏》義同；定朝儀，廷陛陳步騎之衛，文武正東西之鄉，與《周官》義同。伏生《大傳》，内多佚《禮》之文，賈子《新書》，中多《左》《國》之説，有何今不僞而古獨僞之理？其後由文字之異，衍爲異説，遂不免有短長耳。荀悦《申鑒·時事》篇曰："仲尼作經，本一而已，古今文不同，而皆自謂真本經；古〔今〕②先師，義一而已，異家别説不同，而皆自謂古今。"古"上疑脱"真"字。仲尼邈而靡質，昔先師没而無聞，誰使折之者？"明乎此，而知古今本出一源，允宜擇善而從，不必爲古今之爭，更不得徇今而廢古。

---

①據文義改。

②據《申鑒》補。

康書本不值置辨，而近世學子，爲所淆惑者殊夥。符君宇澂乃起而駁之，凡舉三十一事，殆所謂“予豈好辨，予不得已”者，實爲不可少之書。其書雖未能盡，間有出於約推處，而大端已得，第六事、第十四事及二十一二三事，尤足關其口而奪之氣。康謂僞經、僞字之光大，賴鄭玄、許慎。如其説，似許、鄭之罪爲難逭。今證得經與字皆不僞，則知其功爲莫大，轉歎黄祖之於禰衡，不可謂非知己也。

抑又有説者，相傳康書攘之於廖平，廖固王闓運弟子也。嘗見葉焕彬德輝與其門人楊遇夫樹達書，凡十通，其中壬戌年一書謂：“今文在今日，僅《公羊》爲全書，餘皆斷簡殘編，本無可以致力，加以龔、魏之偏陋，湘綺之荒唐，流爲康、梁，已成亡國之禍，再不爲學者提命，將與洪火猛獸同科。”符君是書，惜今日初成，向使葉君及見之，當不吝玄晏一序也夫。